# 孔子真相

丁启阵/著

企业管理出版社
ENTERPRISE MANAGEMENT PUBLISHING HOUSE

图书在版编目（CIP）数据

孔子真相 / 丁启阵著. —北京：企业管理出版社，2017.1

ISBN 978-7-5164-1442-2

Ⅰ. ①孔… Ⅱ. ①丁… Ⅲ. ①孔丘（前551–前479）–人物研究 Ⅳ. ①B222.25

中国版本图书馆CIP数据核字（2016）第321467号

书　　名：孔子真相
作　　者：丁启阵
责任编辑：聂无逸
书　　号：ISBN 978-7-5164-1442-2
出版发行：企业管理出版社
地　　址：北京市海淀区紫竹院南路17号　邮编：100048
网　　址：http://www.emph.cn
电　　话：总编室（010）68701719　发行部（010）68701816　编辑部（010）68701891
电子信箱：niewuyi88@sina.com
印　　刷：香河闻泰印刷包装有限公司
经　　销：新华书店
规　　格：170毫米×240毫米　16开本　12.5印张　197千字
版　　次：2017年1月第1版　2017年1月第1次印刷
定　　价：36.00元

# 目录

## 贰　孔门弟子



## 叁　关于《论语》

## 肆　其他

>>>>>>>>>代自序

# 《论语》透露出的孔子真相

孔子高足子贡说过这样一番话：商纣王的罪恶，其实没有那么严重。因此，君子讨厌身在低处，因为天下的坏事都会聚集到那里去。（《论语·子张》）子贡这番话，只说出了真理的A面，B面他没有说：人间社会跟自然界不同，低洼处固然会脏水汇积，崇高处也容易招致毁谤。常言说得好，树大招风。孔子就是一个极好的例子：爱之者奉其为圣人，加以顶礼膜拜；恨之者咒其为罪人，恨不能将其批倒批臭，永劫不复。

孔子生前对此有所预感。据《孟子·滕文公下》记载，孔子说过如下的话："知我者其惟《春秋》乎！罪我者其惟《春秋》乎！"孔子预感到，他的身后，会有爱他的人，也会有恨他的人。不过，孔子没有预感到的是，后人分为爱他恨他的两派，不是因为他写了《春秋》这部书，而是因为他博学多才，生前培养了众多有出息的弟子，学术思想影响巨大，对他人构成了压力和威胁；他死后，汉武帝以降，历代帝王将他创立的儒家学说奉为正统思想，将他本人尊奉为"万世师表""至圣先师"。假如孔子是一个三家村冬烘先生，平庸无才，开一辈子私塾，也没能教出一两个有出息的弟子，死后身名俱灭；可以肯定，是不会有人知他罪他、爱他恨他、誉他毁他的——只有无情的遗忘

而已。

推崇孔子的朱熹说："天不生仲尼，万古如长夜。"憎恨孔子的后人说："天既生仲尼，长夜复长夜。"孔子死后两千多年的今天，人们对他的评价，仍然存在着无法调和的两个极端：喜欢他的，恨不能将其吹捧上天堂，三十三天天上天，还要跑到屋顶上揭瓦；讨厌他的，恨不能将其诅咒下地狱，十八层地狱，还要钻到地底下挖煤！

那么，真实的孔子究竟是什么样的人呢？相信这是所有愿意用自己的头脑进行思考的人们所共同关心的问题。

想要知道孔子是什么样的人，最有价值的文献资料，当然是《论语》。有人可能会发出疑问：《论语》是孔子的若干弟子编辑成书的，它能如实、客观地记载孔子的言行吗？它所刻画、折射的孔子，真实可信吗？

我认为，《论语》关于孔子的记载，大致是可信的。仆庸眼里无伟人，上古人性情淳朴，孔门弟子没有那么虚伪，种种可能的原因，使得《论语》中的孔子形象，有别于庄严肃穆的泥塑木雕，他有喜怒哀乐七情六欲，立场清楚爱憎分明，常常流露出真性情，说错了话会勇于承认，担心他人误解他会赌咒发誓。总而言之，是有相当可信度的。

孔子到底是个什么样的人，一言难尽。书中从多方面进行了探讨，提出了许多与众不同的说法。作为导读性质的文字，这里也有保密的需要。可以事先透露给读者朋友的信息是：孔子既没有崇拜者所说的那么伟大，也没有反对者所说的那么差劲。笼统地说，真实的孔子，介于崇拜者和反对者的评价之间，扑朔迷离，相当复杂。

举一个例子，后世的儒家传人，根据子贡的一句话，就把孔子描绘成了具有"温良恭俭让"五大美德的奴性圣人。而据《论语》的记载，孔子却是一个能破口大骂（骂弟子为朽木为粪土之墙）、鄙视好好先生（说乡原是"德之贼"）、主张以牙还牙（反对以德报怨，倡导以直报怨）……的一个人。

套用一句当代某伟人的题词，孔子的命运，可以归结为如下八个字：生的憋屈，死的光荣。生前的憋屈，可以用杜甫的两句诗作注解："牢落乾坤大，周流道术空。"天下虽大，孔子仍不免孤独寂寞，周游列国到处兜售自己的学说，却落得丧家狗一般，无人理会。"表彰六经"，"独尊儒术"，孔府阔绰如皇家园林，孔门子弟吃香喝辣，都是孔子死后的事情。“古来圣贤皆寂寞，惟有饮者留其名”，“千秋万岁名，寂寞身后事”，伟大诗人李白杜甫的诗句，都是孔子人生的生动总结。

本书系由六十余篇相对独立的短文组成，写作时间前后跨越十余年。因此，观点、语言风格可能略有不同。其中部分篇什在报刊、网络发表时，引起过广泛的关注和热烈的讨论。知我罪我，都有助于我的思考与写作，我均心存感激。书中各篇说孔论孔，材料虽然以《论语》为主，但并不限于《论语》，跟孔子同时代的诸子著作，后代的孟子及其他学者的论列，《史记》等史籍的记载，《孔子家语》等儒学后人的讲述，历代文史学者的论著，都在我采集论据的范围之内。虽不敢以采花酿蜜之蜜蜂自喻，却也庶几乎旁征博引，尽心竭力了！自然，学力所限，错陋之处一定是不少的，敬希方家与读者朋友不吝指教！

壹

# 关于孔子

# 一、孔子的时代

## 春秋战国：人才辈出的时代

有供求有流通，便形成了市场。大小国家要想在纷争兼并中求得生存和发展，就对人才产生了需求甚至渴求，“隆礼尊贤而王，重法爱民而霸”（《荀子·大略篇》）；诸侯割据的存在、割据势力之间交通的便利，又为人才的往来、选择提供了方便之门，“争名者于朝，争利者于市”（《史记·张仪列传》）。可以说，春秋战国时期是中国历史上最为活跃的人才大市场。各诸侯国可以根据自己的需要、口味，跨国寻找人才；各种国家所需人才可以在各诸侯国之间比较自由地驰骋穿梭，兜售自己。双向选择，去就自由；有人黄金求贤，有人待价而沽；惟楚有材，惟晋用之，此处不留爷，自有留爷处；总之是一派繁忙的交易场面。

在这样一个大市场中，涌现出了许多能重视人才的好买主。

齐桓公有志于霸业，很早就懂得不拘一格收罗人才。最为人所称道的，就是他的任用管仲。公子小白成为齐桓公后，给藏匿公子纠和他的两位师傅的鲁国发出最后通牒：“子纠，兄弟，弗忍诛，请鲁自杀之；召忽、管仲，仇也，请得而甘心醢之。不然，将围鲁！”（《史记·齐太公世家》）鲁人果然因为害怕，杀了公子纠，召忽自杀，而管仲请求做囚徒。当初，齐桓公发兵进攻鲁国时，的确是想杀死曾经在交战中射中自己衣服带子上的扣环的管仲的，但是鲍叔牙强力劝说，说齐桓公若是想要称霸，必须有管仲的辅助，意见被齐桓公接受了，这才佯装要剜了管仲的心脏并腌了它，其实是想要任用管仲。管仲知道其中奥秘，所以主动请求作为囚徒前往齐国。一个俘虏，一来就要委以重任，自然会遭到众人的反对。为此，齐桓公想了个办法，跟手下的大臣们说：“我想要任命管仲为国师，同意的进门后向左走，不同意的进门后向右走。”（《韩非子·外储说左下》）这一分化、孤立反对派的招数挺灵验，管仲顺利地被委以重任。很快，管仲就跟鲍叔牙、隰朋、高傒一同治理国政，“连五家之兵，设轻重鱼盐之利，以赡贫穷，禄贤能”，很快便受到了齐国各界人民的欢迎，不久，就使得齐国登上了霸主的地位（《史记·齐太公世家》）。齐桓公好贤的名声远播各国，以至于后来在管仲、鲍叔牙、隰朋等人死后，晋公子重耳在国内呆不住的时候先是跑到邻近的狄国，接着又商议后跑到齐国，并且想长久住下去，不愿意离开（《史记·晋世家》）。

齐国大概在桓公的影响下，形成了重视人才贤能的传统，设立了专门的研究机构，以高位厚俸招致学者，让他们自由讨论学术问题。到威、宣两代（公元前356—前302年），还继承着春秋末年养士的风习，使得齐国都城西门稷门附近的学宫成为学者荟萃的文化学术中心，被称为“稷下学派”（刘向《别录》，《太平寰宇记》十八《益都》条下所引）。具体情况如何呢？徐干《中论·亡国》说：“齐桓公立稷下之宫，设大夫之号，招致贤人而尊宠之。自孟轲之徒皆游于齐。”《史记·田齐世家》记载，齐宣王喜欢“文学游说之士”（文学指学术），把邹衍、淳于髡、田骈、接予、慎到、环渊等七十六人都封为上大夫，不去具体管理事务，让他们发表议论。因此，齐国稷下的学问之士又昌盛起来，人数达到好几百甚至上千个。《孟子荀卿列传》说稷下学士们“各著书言治乱之事，以干世主。齐王嘉之，自如淳于髡以下，皆命曰列大夫，为开第康庄之衢，高门大屋，尊宠之。”稷下学者，学术各有专攻，各享盛名，当时齐人中曾流行这样几句话：“谈天衍，雕龙奭，炙毂过髡。”齐襄王时，荀子在稷下学宫名望最高，曾经三为祭酒。稷下学宫是一个兼容并包的学术机构，不是一家之言的学术门户，从文献记载曾在那里待过的著名学者的情况看，至少包括了儒家（孟子、荀子）、阴阳家（邹衍、邹奭）、道家（田衍、慎到、环渊、接予、宋钘、尹文）、无派（淳于髡）。

如果说齐国的稷下学宫是由政府创设的，带有官学性质，那么鲁国的孔门之学，就完全是私人创办的学校，是民间私学，也是极一时之盛的文化教育

场所。

晋文公也是一个重视人才的诸侯君主，从小喜欢学习思考。《国语·晋语四》记载了这样一个小故事，晋文公跟臼季读书，三日后，他说："我眼前的事情都不能付诸实践，学到的东西却很多了。"他的老师臼季就跟他说："先多学习了解，等待时机去付诸实践，不是比什么都不学强吗？"这位晋公子年轻时就喜欢跟贤士交往，十七岁时，他的身边就有著名的贤士五人：赵衰、狐偃、贾佗、先轸、魏武子。其他不知名的还有数十人。这些人后来有一部分曾经跟他四处流亡（《史记·晋世家》）。后来，晋悼公时，大臣祁傒（黄羊）回答悼公大臣中谁是可用之才，他外举不避仇（解狐）、内举不避亲（其子祁午），也是传为千古佳话的（《史记·晋世家》）。

越王句践战败被吴王俘虏，放还之后，卧薪尝胆，励精图治，也曾经"折节下贤人，厚遇宾客"。他的手下，主管国政的大夫种，主管外交的范蠡、柘稽，都是有名的能臣（《史记·越王句践世家》）。

燕昭王招贤的故事是历代知识分子所艳称的佳话。燕太子平在国家遭齐人攻破之后被立为王。为了报仇雪耻，他要斥巨资招徕贤人相助。他对大臣郭隗说："齐国趁着混乱攻破我燕国，我很清楚燕国国小人才少，不足以报仇。但是假如能够得到贤士帮助，来报先王的仇，是我的夙愿。先生要是发现有这样的人才，我一定下礼聘用。"郭隗回答说："大王一定要招致贤士，请从我开始。待我尚且如是，何况比我贤明的人呢，岂不是会不远千里而来吗？"于是，燕昭王果然为郭隗建筑了新房子，像对待老师那样对待他。从此，乐毅从魏国来了，邹衍从齐国来了，剧辛从赵国来了，士人都争着从四面八方来到燕国。经过二十多年，"燕国殷富，士卒乐轶轻战"，于是任命乐毅为上将军，与秦、楚、三晋合谋以伐齐。大败齐国，齐湣王逃到外国。六年里，齐国除了聊、莒、即墨几座城池之外，其余都归属燕国（《史记·燕召公世家》）。围绕燕昭王求贤，有两则广泛流传的故事。一个是郭隗为了劝说燕王求贤可以从自己开始，给他讲了个买千里马"千金市骨"的故事（《战国策·燕策》）。还有一个黄金台的故事，说燕昭王为了招致人才，在今河北易县东北一个地方筑台，置千金于其上，延请天下贤士。南朝宋鲍照《放歌行》诗云："岂伊白璧赐，将起黄金台。"黄金台的说法当是由昭王为郭隗改筑宫室演变而来，属于演义故事。

秦国崛起于西边，也跟它的几任统治者能够招致人才密不可分。穆公时有百里奚、蹇叔、丕豹、公孙支，孝公时有商鞅，惠王时有张仪（《史记·秦本纪》）。

诸侯君主之外，一帮公子哥之间，也把养士当成时尚，正如苏轼所说的，“…自谋夫说客、谈天雕龙、坚白同异之流，下至击剑扛鼎、鸡鸣狗盗之徒，莫不宾礼。”（《论养士》）在这些养士的公子中，战国四公子不能不提到。他们是：齐国的孟尝君，赵国的平原君，魏国的信陵君和楚国的春申君。他们之间，竞赛似的招徕食客，“争下士，招致宾客，以相倾夺，辅国持权。”平原君派手下人去春申君那里，春申君把他安排在上等客舍。赵国使者想要向楚国夸耀，戴上了玳瑁簪子，刀剑的鞘都用珍珠宝石装饰着，来会见春申君的宾客。没想到，春申君门下三千食客中的上等食客脚下都穿着珍珠镶嵌的鞋子来见赵国使者，赵国使者十分惭愧（《史记·春申君列传》）。为了表明自己优待贤士的态度，公子中有人不惜做出惊人之举。平原君家的房子临近民居，民家有一个跛子，颠簸着去打水。平原君有一位如花美妾在楼上看见了，大笑起来。第二天，跛子来到平原君家门前，请求说：“我听说您喜欢贤士，贤士都不远千里来投奔，那是因为您能贵士而贱妾。我不幸有腿疾，而您的后宫看见了就笑话我，我希望能得到嘲笑我的人的头。”平原君笑着说：“好。”跛子离开后，平原君笑着说：“瞧这傻子，居然想因为笑一下的缘故就杀我的美人，不是太过分了吗？”终于没杀。一年多以后，门下的宾客渐渐有离开的，人数减少过半。平原君感到奇怪，问大家：“我赵胜对待大家从来不敢失礼的，为什么离开的人那么多呢？”门下有一人回答说：“那是因为您爱惜美色而不尊重士人，所以士人就离开了。”于是，平原君就杀了那嘲笑跛子的美人，砍了头，亲自送给跛子，并向他表示感谢。从此，门下的宾客才又渐渐地多起来（《史记·平原君虞卿列传》）。秦国吕不韦也曾效法四大公子，门下养士至于数千人，并且发动众人才智写出百科全书性质的著作《吕氏春秋》（《史记·吕不韦列传》）。食客太多，未免只见数量，不见质量，难怪王安石在读了《史记·孟尝君传》后批评道：“孟尝君特鸡鸣狗盗之雄耳，岂足以言得士？”

楚才晋用，说的是楚国不会使用人才，其实楚国也不全是那样的。楚大夫公孙圉访问晋国时，晋国大夫赵简之问楚国的美佩玉白珩的价值，王孙圉回答他说：“那些玩意都不算什么宝贝。我们楚的宝贝，一个叫观射父，他能写作训辞，在诸侯间办事，使国君不给别人落下口实。还有一位左史倚相，能够将典章文物如数家珍，早晚向国王谈论成败的道理，使国王不会忘记先王的事业。”（《国语·楚语下》）

那个时代，大约实在是太需要人才了，所以有才之士和诸侯君主之间，似乎并没有多大距离。鲁国有一个人叫曹刿，从旁人劝他别掺乎国家大事时说的“肉食者谋之，又何间焉”的话看，似乎是一个普通百姓。但是他在齐国入侵的紧要关头，还是不相信“肉食者”们的能力，去求见鲁国君主庄公，结果，很快便受到了接见；回答完庄公的“何以战”之后，被邀请一同观战，并且乘同一辆战车（《左传·庄公十年》）。

既然都重视人才，难免会有引进人才的问题，有楚材晋用的问题。《国语·楚语上》记载了蔡声子回答令尹子木关于晋、楚人才优劣的话：“晋国的国卿不如楚国，但是它的大夫比较贤明，它的大夫都是做卿的材料，就好像杞木梓木皮革那些材料那样，都是楚国送给他们的，楚国虽然有材料，但是自己不会使用啊。”蔡声子举的楚材晋用的例子有王孙启、析公臣、雍子、申公巫臣等。引进人才有时候会有个信任的问题，尤其是在发生间谍案件之后。秦国就发生过这种事情。秦国在发现郑国的水利专家是故意耗费秦国财力破坏秦国经济体系的间谍后，一度决定驱逐外籍官员。结果，李斯向秦始皇上了一道著名的奏章：《谏逐客书》，使得秦始皇改变了主意。在那篇洋洋洒洒的《谏逐客书》里，李斯列举了历史上秦国成功任用外籍人才及其对秦国的巨大贡献。秦穆公时的外籍人才由余（来自戎）、百里奚（来自宛）、蹇叔（来自宋）、丕豹、公孙支（来自晋），他们的作用是“并国二十，遂霸西戎”；孝公时的外籍人才商鞅（来自卫国），作用是“移风易俗，民以殷盛，国以富强，百姓乐用，诸侯亲服，获楚、魏之师，举地千里”；惠王时的外籍人才张仪，作用是“拔三川之地，西并巴蜀，北收上郡，南取汉中，包九夷，制鄢、郢，东据城皋之险，割膏腴之壤，遂散六国之纵，使之西面事秦”；昭王时的外籍人才范雎，作用是“废穰侯，逐华阳，强公室，杜私门，蚕食诸侯，使秦成帝业”。因为各国混战，政治投机比商业投机更加有利可图，所以，阳翟大贾吕不韦就将千金家财都用于给当时在赵国邯郸做人质的秦公子子楚作政治资本，买通华阳夫人，使子楚得以立为太子，并且日后即位为庄襄王。吕不韦自己被任命为丞相，封为文信侯。三年后，实际上是他亲生儿子的秦王政即位，他又被任命为相国，号称“仲父”，家僮万人（《史记·吕不韦列传》）。吕不韦的政治投机显然是极为成功的。

既为市场，当然也是有风险的。有人成功，也有人失败；几家欢乐，几家愁苦；其中的世态炎凉、人情冷暖、喜怒哀乐，也是不难想象的。有人善终，有人惨死，也是势所必然。有如贾谊所说：“贪夫徇财，烈士徇名，夸者死权兮，品庶每生。”（《鹏鸟赋》）人心凶险，说客难做，韩非对此感触颇多，特在他的著作里列有《说难》一章，最后告诫说客：“故谏说之士不可不察爱憎之主而后说之”，因为人主都跟龙一样，脖子底下是有逆鳞的，假如不小心碰到那里，就会招致杀身之祸。可是要想游说他们，又是很难不碰到那逆鳞的（《韩非子·说难》）。我们往往看见他人发迹之后的荣耀，却忽略了他们发迹前的艰辛。伍子胥在逃出楚国，过昭关时一夜之间愁白了头发，固然尽人皆知，但是他躲在口袋里出了昭关之后的艰难，知道的人大概就不多了。伍子胥昼伏夜行到了陵水，没有糊口的东西，他曾经有过一段“膝行匍匐，稽首肉袒，鼓腹吹篪，乞食于吴市”的生活！（《史记·范雎蔡泽列传》范雎所言）

阅历世态人情变化的首推纵横家苏秦。从壮志满怀到失意、发愤、得意，家人的前倨后恭，他都完整地经历了一遍！先是在一个叫李兑的人的资助下，穿着黑色的貂皮大衣，囊中揣着黄金百斤，踌躇满志地以连横游说秦王，十次上书，毫无结果。貂皮大衣穿破了，黄金百斤花完了。回到家里的时候，是“形容枯槁，面目黧黑”的落魄相。结果，“妻不下纫，嫂不为炊，父母不与言”。于是，苏秦发愤苦读，研究姜太公的兵书，反复概括揣摩，“读书欲睡，引锥自刺其股，血流至其足”。到自以为学成的时候，再度出发，到了赵国都城游说赵王，以合纵说之，一下子就说动了赵王，被封为武安君，挂了相印，接受赏赐财物无数。“当此之时，天下之大，万民之众，王侯之威，谋臣之权，皆欲决于苏秦之策。”这一回回家，情况就完全不同了。要去游说楚王，路过洛阳，“父母闻之，清宫除道，张乐设饮，郊迎三十里。妻侧目而

视，侧耳而听；嫂蛇行匍伏，四拜自跪而谢。”（《战国策·苏秦以连横说秦》）简直是一出上好的戏剧！

是市场，商品就会有紧俏、慢销、滞销之分。紧俏的商品会卖个好价钱，比如被委任为卿相大夫；慢销的，价钱略低，比如表示一下客套、尊敬，送一点盘缠、车马；滞销的，就只能吃闭门羹了。被认为于国家利益有大帮助的人，作为买方的君王，如果是有眼光的，就像对于紧俏商品一样，从来都是不吝啬的，即使你埋没在山野草泽，他们也会想方设法把你挖掘出来。做厨子的伊尹，打土墙的傅说，杀牛的姜尚，在囚的管仲，放牛的宁戚、百里奚，都被委以重任。对于名头很大却并不中用的商品，买主们高兴的时候会出点钱，不高兴的时候就不加理睬了。孔子、孟子两位圣人就属于这一类。当时的买主普遍认为儒家那一套东西太迂阔，没有实际的用途，所以孔子师徒周游列国，辛苦了十四年，辗转跑了好几个国家，最终也没有兜售出去，只能“韫匵而藏”，回到老家讲学论道。孟子的运气稍稍好些，碰到几个买主稍微大方一些。例如，齐威王、宋王偃、薛君等都曾经赠送他一些金子（可能是今天的铜，不是黄金，不过那时候是当钱用的），多一点是一百镒（一镒是二十两），少一点是五十镒。有时候，考虑到老先生年纪大了，行路不方便，也送几辆代步的车马。大约送的人还不算很少，所以，孟子的日子还不算太差。最阔气的时候，出行有随从车辆（马车）数十辆，服务人员数百个。这个时候，他也可以要要派头，有的铜钱要，有的铜钱不要（《孟子·公孙丑下》）。实际上，孟子跟孔子也差不多，也有没人送盘缠零用甚至断粮的时候（例如在邹国就曾有这种不愉快的经历）。可见，他也并没有被买主们太当回事。所以，他在齐、宋、邹、鲁、滕、梁、齐兜了一圈后，最后也只好回到老家邹国，“与万章之徒序《诗》《书》，述仲尼之意，作《孟子》七篇”，著书立说，了却余生（《史记·孟子荀卿列传》）。

阴阳家邹衍的情况比孔子、孟子都要好些。邹衍目睹了国君们的日益崇尚铺排豪奢，不能崇尚道德，于是著书立说的时候，故意出语闳大不经，凡事总要由小及大，古今中外，至于没有边际。害得一班王公大臣佩服得不得了，一些诸侯君主也待以优礼。不但受到齐国国君的尊重，到了梁，梁惠王亲自到郊外迎接，执宾主之礼；到了赵国，平原君侧行撇席；到了燕，昭王亲自拿着筲帚给他开路，坐在弟子席位上向他求教，建造了碣石宫，亲身前去做学生。这哪里是曾经在陈蔡之间挨过饿的孔子、曾经在齐梁一带断过粮的孟子等人所能比拟的。但是，邹衍毕竟不是真正能派用场的商品，他的理论，归根结底还是讲仁义节俭那一套，所以最后也没能逃过受冷落的结局（《史记·孟子荀卿列传》）。邹衍的遭遇说明，一种商品要想走俏，自我包装也是必要的。华丽的包装，总是受欢迎的。

孟子那样的人才可以称为商品，但是不紧俏，属于中间的慢销类型，所以，他才会发明“穷则独善其身，达则兼善天下”（《孟子·尽心上》）的理论，为自己的进退铺设台阶。他不可能像苏秦、张仪、李斯等人那样认定自己是紧俏类型，使劲地吆喝、兜售就可以了，不需要预留退路，以保全面子。至于等而下之的人才，就属于滞销产品，因为卖不出去，所以寂寂无闻，我们也就难以知道他们的姓名了。

司马迁指出，孟子时代的市场行情是：“天下方务于合纵连横，以攻伐为贤”。事实上，善于攻伐的人才也确实管用，“秦用商君，富国强兵；楚、魏用吴起，战胜弱敌；齐威王、宣王用孙子、田忌之徒，而诸侯东面朝齐”。而孟子一班人却不合时宜地“述唐虞三代之德”，理所当然地被认为“迂远而阔于事情”，自然乏人问津了。（《史记·孟子荀卿列传》）

当然，也不是所有的产品都是为了变成商品的，有一些就不屑于出售。像楚狂接舆、长沮、桀溺之流人物，就属于这一类。他们要是没有偶然跟名利之士发生一面之缘，谁也不知道曾经有这么一些人，像草木一样地生活过。老子、庄子一流人物，我认为属于早先也曾作为商品在柜台上摆出来过，后来因为有感于成为商品后的弊病，改变主意，收起来不出售的那一类。

## 孔子那个时代被历史遗忘的高人

孔子被称为圣人、祖师、至圣先师，受到两千年来朝野官民的共同膜拜。地位之尊崇，荣耀之久远，古往今来，无人能出其右。但这种地位和荣耀，是后代帝王臣民出于自身的需要和目的馈赠给孔子的，孔子生前并没有享受到。

孔子的一生，是坎坷落魄的一生。他带着颜回、子路、子贡等几个弟子周游列国，四处碰壁，数陷险境。晚年在多方面人士的期盼下返回鲁国，也只是光着屁股坐花轿，并没有得到实际的任用，只能以继续收徒教书为业，同时研究整理包括《诗三百》在内的古代文献。可以说，孔子是赍志而殁。用孔子自己认同的著名比喻，形同丧家之狗。

在孔子之后的时代，贤人志士纷纷探索救世之道，著书立说，涌现出了所谓的诸子百家。孔子创立的儒家不过是其中一家，按照“逃杨归墨”的说法，孔子儒家在当时的影响，还不是最大的。也就是说，孔子的名望和影响在他那个时代，决非一枝独秀。一枝独秀是后人改写过的历史，是汉武帝“罢黜百家，独尊儒术”以后的事情。

孔子同时代的人们，不但不像后人这样，仰视他，膜拜他。反而，有相当一部分人，对孔子的行为持不以为然、不屑的态度，有的还对孔子及其弟子进行了规劝或嘲讽。这部分人，对于时势、人生，往往见识过人，大多采取了消极避世的态度，于山野、市井默默无闻地度过一生。如果不是因为机缘巧合，邂逅孔子师徒，肯定或批评过孔子；如果不是孔门弟子多事，把他们跟孔子有关的言行记录在《论语》一书中，他们的生命是不会在历史上留下丝毫痕迹的。

孔子说过“贤者辟世，其次辟地，其次辟色，其次辟言”的话（《论语·宪问》），可见，他本人也承认这些人是贤者，心怀敬意。

这样的贤者，《论语》中一共记载了十位。

第一位出场的是“仪封人”。仪，是卫国的地名；封人，掌管修筑王畿、封国、都邑四周疆界上的封土堆和树木的官员。《论语》没有说出他的名字，只以地理位置、职位相称，可见此人地位并不显赫，也不是名人。当他得知孔子路过，便去求见。在遭到孔子弟子挡驾时，他自己讲，凡是有道德名望的人路过此地，没有他见不着的。因此，获得跟孔子见面的机会。跟孔子见面时，他说了些什么话，不得而知，《论语》只记下了他出来时对孔门弟子说的一番话。他勉励孔门弟子，遇到困难，不要气馁，称孔子是上天为了警醒那些糊涂的执政者而让其降生人间的。他把孔子比作金口木舌的铃铛——木铎。此人可以说是孔子的知音。

第二个是陈司败。司败二字，有人说是人名，有人说是官名，即司寇。主张是官名的，有说他是陈国大夫，有说他是齐国大夫。总之，其人其事，都不太清楚。此人有一次问了孔子一个问题：鲁昭公是否知礼之人。孔子给了他一个肯定的回答。他不满意，认为孔子讲私情了。孔子走后，他就对孔子弟子巫马期表达了自己的不满，指出鲁昭公娶了同为姬姓的吴国女子——为防止他人非议，给该女子娶了个吴孟子的名字——违反了同姓不能结婚的礼制，也撒谎了。他认为，这样的人不能算知礼。巫马期转告孔子后，孔子承认自己说错了，承认陈司败说得对。

第三个是达巷党人。达，里巷的名字；党人，乡亲。此人说过一句跟孔子有关的话，叫“大哉孔子！博学而无所成名。”这句话可以作截然不同的理解，有人认为是赞美孔子博学，有人认为是嘲讽孔子学无所成。从孔子听到这话后的反应（对弟子说“我应该干什么呢？驾车吗？射箭吗？我应该去驾车。”）看，应该是后者。冷静思之，达巷党人对孔子的评价——堪称酷评，还是中肯的。有可能，这也是当时很多乡亲对孔子的评价。

第四个是微生亩。有人说，就是那个跟女子相约桥下见面，洪水来了，他因为守信用，不肯离去，于是抱着桥墩淹死的尾生高。但从他说孔子时的傲慢语气看，应该是一位年长的隐者。此人当面质问孔子：“孔丘你这么忙忙碌碌到处奔走，游说诸侯，是为了表现你出众的口才吗？”面对他的质问，孔子只能老老实实回答说，不是为了表现口才，是因为自己讨厌那些冥顽不化的人。

第五个是石门晨门。说白了，就是主管早晨开启鲁国外城城门的守门人。有一次，子路因故未能于城门关闭前赶回城里，只好在城外住了一宿。次日一早，第一个进城。这个守门人问他从哪里来，子路告诉他从孔子那里来。这个守门人显然对孔子有所了解，反问道：“就是那个知其不可而为之的孔子？”“知其不可而为之”七个字，生动、准确地概括出了孔子的性格和一生命运。

第六个是荷蒉过孔子之门者，即挑着土筐路过孔子门前的人。这是发生在卫国的事情，可见，这是个卫国人。从他当时所干的事情看，像是普通百姓，体力劳动者。但是，他竟然能根据孔子击打磬这种乐器的声音，听出孔子

有心事，对其磬艺进行了批评，对孔子的人生态度提出了劝告——既然没有人理解自己，那就随他去吧，不必固执。他的批评与劝告，孔子本人并不认同。但以我们旁观的眼光看，这是个内行、有见识之人。孔子口不服，内心恐怕是被触动到了的。

第七个是楚狂接舆。所谓接舆，就是靠在孔子的车子上。《高士传》上说，此人姓陆名通。这个被孔门师徒称为狂人（疯子）的人，应该是个隐士。他以唱歌的方式，点拨孔子：凤鸟不见，道德衰歇时期，“往者不可谏，来者犹可追。”指出当时从政，是没有意义且危险的事情。孔子听出了这疯子不是寻常之人，想要跟他说话。但是，他跑着躲开了。因为，这个悲观而洒脱的人，已经表达了自己的想法，不耐烦再跟孔子啰嗦了。

第八第九个同时出现，他们是长沮、桀溺，意思是，陷在泥沼中的高个子，双脚占满了泥浆的魁梧汉子。显然，这是两个正在水田里干活（耕田）的人。孔子师徒乘车走到那里，迷路了，找不到渡口，派子路下车去向他们打听。这两人弄清楚问路人是孔子师徒后，就有不屑搭理的意思，告诉子路，不如跟他们一起隐居，逃避乱世。见子路没有隐居的意思，便继续耕田。这两个隐者，对一般人心目中的隐士形象，是一种颠覆，居然是壮汉，而不是鹤发童颜的长者和手无缚鸡之力的羸弱之人。

最后一个是荷蓧丈人，即用手杖挑着耘田农具的老人。一天下午，大概是傍晚时分，子路跟孔子走散了，向老人打听。老人认为孔子是四体不勤五谷不分之人，把手杖插在土里，开始耘田，不愿搭理子路。但是，子路的耐心和礼貌打动了他，他将子路留家里住宿，杀鸡煮饭予以款待，并且引他见了自己的两个儿子。第二天，子路见到孔子时，报告了这些情况。孔子认为老人是隐居的贤人，让子路再去见一面，表示谢意。但是，子路到那一看，老人已经出门了。子路于是发表了一通君臣道义的感慨，意思是，隐遁行为不可取。猜想孔子当时只能一笑了之，他的内心，应该是非常敬重荷蓧丈人的。不然，他不会让子路返回去致谢。

文献的漫漶，散失，人类记忆的局限，几千年的文明历史，绝大部分贤人都被遗忘了。少数像孔子这样的人，因为于后人有某种用处，被拔高，被夸大，被涂脂抹粉，被反复强调，成为神一样的存在，家喻户晓，妇孺皆知，即所谓流芳百世。评议历史，思考人生，不能忽略这些曾经真实存在过的贤人。他们的智慧，不在孔子之下；他们在自己的时代，也可能发挥过一定的影响；他们之所以没能流芳百世，是因为他们主动放弃了话语权，放弃了垂名后世的机会。

至少，可以肯定地说，了解这些高人，有助于更好地了解孔子。

## 孔子择婿背后的隐情

《论语》中记载了孔子两次选婿的故事。

一次替自己女儿选。孔子评价公冶长："可以把女儿嫁给他。虽然他被拘禁了，但他并没有犯别人指控的罪。"于是把女儿嫁给了他。

一次替侄女（哥哥孟皮的女儿）选。孔子评价南容："国家有道时，不被免职；国家无道时，能免遭刑罚。"于是把侄女嫁给了他。

《论语》记载的这两个故事，实在看不出孔子选择女婿有何高明之处。孔门有那么多弟子，其中不乏年岁相当的青年才俊，孔子却选择了这两个不怎么出类拔萃的弟子。既然是从弟子范围内选择女婿，按理说，应该尽量选有志向、有才华、有前途者。

而公冶长、南容这两人，显然不属于这种类型的青年。

关于公冶长的情况，文献中几乎没有什么可靠的记载。只有他是孔门弟子这一点，大致可以确定。其余的，就连他的名字，哪国人，都有争议。孔安国说他姓公冶名长，皇侃说他姓公冶，名芝，字子长；司马迁说他是齐国人，《孔子家语》、孔安国说他是鲁国人。

南容何许人，也有不同的说法。有人认为，南宫括、南宫适、南宫韬、南宫敬叔、南宫说、南宫阅，是同一个人，鲁国大夫孟僖子的儿子。但是，《史记》上只说，南宫括字子容。一般认为，"括"字也写作"适"字。南宫括（适）跟南宫敬叔不是同一个人。一个人有五六个名字，不合常理。

连名字、出处都难以弄清楚，可以说明，这两个人实在是太平凡了。不然，按照他俩孔门弟子加上孔府快婿的身份，是很容易在文献中得到记录的。

前人有一种说法，孔子之所以选择公冶长作为自己的女婿，是为了彰显

乱世滥用刑罚、冤枉无辜的弊端，勉励人们正身守法。这说法有一定道理，但仔细想想，也不无问题。首先，用女儿、侄女的一生幸福去表明这样一种态度，值吗？有必要吗？这令人想起一句俗话，“舍不得孩子套不住狼”。据考证，这是“舍不得鞋子套不住狼”的讹传。拿自己亲生孩子打狼的猎人，得有多愚蠢，多奇葩！孔子是个游说四方、著书立说的行家，他完全可以通过口说、笔述，表明自己的态度。其次，这种说法跟孔子的思想有相冲突之处。孔子其人，如同石门晨门所言，是个“知其不可而为之者”，是个积极进取的人；按照孔子自己的说法，“朝闻道夕死可矣”，是个把真理看得比生命还重要的人。孔子所说的“当仁不让于师”，可能是为了追求仁道，死亦不足惧的意思。在选择女婿的时候，孔子却如此胆小、保守，有点说不过去。这等于是，鼓励弟子们不要怕死，要勇往直前，同时却将自己的亲人安排在远离前线的大后方，过安全、太平的日子。

不错，孔子赞赏卫国大夫蘧伯玉“国家有道的时候，出去做官；国家无道的时候，就隐居起来”的处世方法。但是，别忘了，他也肯定了卫国另一位大夫史鱼的无论国家有道无道，都能做到像箭一样正直。

事实上，如果只是为了女儿的人身安全，找一个既没有犯过罪也不会被冤枉的弟子，好过公冶长这样“进去过”的弟子；即使是要替侄女找一个“国家有道时，不被免职；国家无道时，能免遭刑罚”的人，孔门弟子中一定也有更加出色的人选。

另外，孔子一辈子都在苦口婆心劝弟子们要好好学习。他为什么不能给自己的女儿和侄女找一个爱学习的弟子呢？行胜于言，这样做的效果，岂不远远大于苦口婆心的说教吗？

相比之下，南容似乎比公冶长稍强点儿。《论语》里记载，南容曾经向孔子请教过一个问题：“后羿擅长射箭，奡力大能陆地行船，都死得很惨；大禹、后稷只是从事耕种，却拥有天下。”南容的这一思考，得到了孔子的极口称赞。“君子”、“尚德”，都是好词儿。

公冶长有何过人之处呢？《论语》中除了那一句“虽然他被拘禁了，但他并没有犯他人指控的罪”之外，再也没有别的记载。倒是后代有一种传说：通鸟语。因为这种传说盛行于南北朝至唐朝，时代比较古老，我们不妨信其有。但是，这种旁门左道的技艺，应该是入不了孔子法眼的。孔子本人“多能鄙事”，都是吹拉弹唱之类人间的技艺，而公冶长通鸟语，属于跨类“异端”。孔子在评论长沮、桀溺时，说了句“鸟兽不可与同群”，可见他对鸟兽并无好感，也没有了解的兴趣。

“东床快婿”的故事，家喻户晓。晋朝的郗鉴在建康（今南京）听说琅琊王氏多才俊子弟，于是派门生送信给王导，要求去王家替女儿选婿。王导也爽快，让替郗鉴送信之人直接到王家东厢房去任意选择。王家众子弟听说有此好事，都认真装扮了一番，表现得很端庄。结果，送信人回去后，向郗鉴报告说，王家子弟的确都很优秀，只有一位，坦腹东床，神色自若，一副漠不关心的样子。郗鉴一听，对这位坦腹东床的青年很感兴趣，把女儿许配给了他。这位坦腹东床的王家子弟，便是日后赫赫有名的书圣王羲之。郗鉴择婿，在今天看来，难以理解。但是，符合那个时代部分人的观念：不拘礼节，任诞自然，是士大夫阶层推崇的名士风度。

孔子择婿，是不是有这类不同于今天的时代风尚在起作用呢？看样子是有的。春秋末年，礼崩乐坏，诸侯争霸，社会陷入混乱之中，战争频仍，生灵涂炭，人们过的是朝不虑夕的日子。乱世求安，合乎情理。

但是，正如上文所说，孔门有比公冶长、南容更加出色、安稳的弟子可供选择。可见，这不是全部的原因。

那么，会不会是孔子考虑到女儿、侄女的容貌条件，觉得并不优秀的公冶长、南容跟她们比较般配呢？合情理，但缺乏证据。

仔细揣摩《论语》文句，我觉得，孔子这两个择婿故事的背后，另有隐情。

跟孔子时代相近，春秋时期有个发生在秦国的乘龙快婿的故事。说的是，秦穆公有个名叫弄玉的女儿，绝色，酷爱品箫吹笙。穆公有意将其许配邻国王子。但是，弄玉决意，非通音律、善吹笙之人不嫁。后来，弄玉如愿嫁了擅长吹玉箫的青年隐士萧史。夫妇二人隐居华山多年，品箫吹笙，过着自由、快乐的日子。最后，二人分乘彩凤、金龙，双双飞升成仙。

这个故事告诉我们，春秋时期，也有男女可以自主的爱情、婚姻，不一定都是父母之命、媒妁之言——这一点，《诗三百》中的许多诗篇可以佐证。

就是说，孔子择婿，有如下的可能：

女儿、侄女，都是自己先寻下了如意郎君，私定终身；然后，提交父母，象征性地征求一下孔子的意见。女儿相中的是公冶长，侄女相中的是南容。在择婿这事上，不是海选、中选、终选，都由孔子一手包办，孔子只有“yes or no”的表态机会。当然，孔子选择了“yes”。显然，女儿、侄女择婿的眼光，都不怎么高明。因此，孔子认可公冶长、南容为婿的理由，因之显得有些消极，有些勉强——有自我安慰、勉强通过的意味。

## 二、孔子的相貌

### 大家都来给孔子上妆

孔子大概没有想到，自己死去两千四百多年之后的公元2006年，竟然交上了桃花运。桃花岛上桃花盛开。据称是白居易后裔的女大学生“国学辣妹”，在孔庙拍摄搔首弄姿的照片，扬言要勾引孔子，自信满满，一副成竹在胸的样子；一位被某些人誉为美女的大学教师，以现代女性人生幸福观诠释《论语》，五六万个字印成一本定价二十元的书，洛阳纸贵。孤陋寡闻如我者，都知道有这两件事情。九百六十万平方千米的土地上，究竟还有多少位女性在想着孔子，说着孔子，表达着对孔子的崇敬，倾诉着对孔子的爱慕，实在难以尽知。

许多现代女性谈论孔子，依我的初步观察，都不是严格学术意义上的探讨，用意不在告诉众人一个真实的孔子。她们是在给孔子上妆，区别只是：有人用胭脂，有人用口红，有人用唇彩，有人就用口水。

两千五百年前的一位著名老人家，腿脚固然够勤快，周游列国十几个年头。但是，手头却实在是懒散，没有留下像样的著作。弟子虽然众多，据说总数多达三千，其中还不乏好学之辈。可是，很不幸，他的弟子中没有一位是“敏于行”的。集体记录整理的老师言行录《论语》，就那么一点点字数，只有一万多，两万不到，编排也有些杂乱，不甚讲究。我们今天想要了解孔子，了解他的思想，他的感情，主要根据就是这本断简残篇杂乱拼凑起来的《论语》。使得今天一切讨论孔子思想感情的努力，其实大都沦落为女性化的行

为：根据各自的需要和想象，给孔子上妆。

最近看到一种对《论语·阳货》中的一句话“唯女子与小人为难养也”的新解说：女子是指女孩子，小人是指厮仆。把这一句话转换成现代汉语，就是：“女孩子和厮仆辈调教起来特有难处，对他们太亲近了，会不听从调教，疏远了则心生怨恨。”虽然作者是我见过面的一位语言学研究者，男性，但是，我觉得，他这也是对孔子的一种妆扮。历来影响最大的解释，或者说我们习惯了的解释，概括起来就是“女人和小人最难伺候”。但是有人觉得孔子既然是圣人，他又是那么讲究孝道礼仪的一个人，不应该歧视妇女，说话不应该这么刻薄。有人指出，孔子他自己也是有母亲和妻子的啊。因此，这人就开动脑筋，企图把事情摆平。经过一番冥思苦想，他提出“女子”就是“汝子”，意思是“你们这些人”。说孔子那是一次训斥部分学生时说的话，盛怒之下，把自己的学生贬斥为小人。

三个原因：一是语言的多义性、模糊性；二是岁月久远，文献漫漶，孔子时代的语言我们已经不太了解了；三是因为孔子学生偷懒，《论语》文字的过于简练。使得上述三种说法，都有一定道理，都可以找到某些证据。这就使得谁要说服谁都不太容易，争论半天，口干舌燥之后，也只能以“仁者见仁、智者见智”结束论争。

我这里不是为了再给孔子的脸上涂抹一种颜料，而是作为旁观者，对上述那三种妆扮作一下点评：

“小女孩和厮仆不好调教”说，把孔子描绘成了一个坏脾气的老爷爷、老爷，正在那里吹胡子瞪眼睛。跟很多人希望看到的、想象中的孔子不一样。

“汝子”，是一种混合调料，“汝”是普通的“你”，像国产化妆品；“子”是用于表示尊敬，像法国香水。这种妆，有点技术问题。

“女人和小人最难伺候”，孔子固然可能会因此蒙受歧视女性的冤枉，但是，他有血性，是男性，隐隐约约还让我们看到圣人在家庭生活中也有跟我等差不多的种种苦恼，很可亲的一位老人家。再说，在家里生大气了、憋不住了，就骂这么一句，异性对方（比如他的妻子或者情人、小蜜）就会觉得自己受到了性别歧视、严重伤害了人格尊严以至于有必要告到妇联告到法院吗？说不定，女人们还比较喜欢这样有点血性的男士呢。所以，我还是比较赞成传统的解释。

## 孔子的身高和身手

孔子，大约是人类文明史上最著名的教育家了。生前，他培养过数千弟子，其中优秀者七十二人；死后，他的思想和创立的儒家学派，影响不断扩大，直至成为统治中国两千多年的主流思想体系。关于他的一切，都是人们关心、谈论的热门话题。这里，我们却要谈一谈他的身高和身手这两个有趣的问题。

### 孔子的身高

大家都知道，孔子是个巨人。《史记·孔子世家》记载：“孔子长九尺六寸，人皆谓之长人而异之。”“长人”就是高个子的意思，今天南方不少汉语方言中，人的个子依然是论长短，而不是北方话的论高矮。不难想象，“长人”孔子，其生前站在人堆里的情形一定是：鹤立鸡群。

那么，孔子到底有多高呢？具体地说，《史记》所说的“九尺六寸”换算成今天的尺码，应该是多少呢？历来有不同的说法。有人说是一米七几，有人说是一米八几，有人说是一米九几，有人说是两米多，莫衷一是。

这些不同的数字，来自不同的换算凭据。我们知道，中国古代的度量衡制度，一直是在变化着的，每个时代都不尽相同。现在要想知道古代某个时期尺寸的准确长度，只有通过测量那个时代所使用的尺子。这类尺子不可能一直沿用，保存在人间，通常都是出土文物。

计算孔子的真正身高，需要先解决下述两个问题：一、《史记》记载的“九尺六寸”，到底是孔子生活的时代（春秋）、国家（鲁国）的尺寸，还是司马迁生活的西汉时期的尺寸？二、今天得有相应时期的古尺，以供测量。

古人著书，行文有时候沿用前朝文献、传说，有时候另用新名，很难定夺。《史记》所说的“九尺六寸”，西周、春秋（鲁国）、汉初古尺，都有可能。

今天我们可以找到西周、战国和西汉各个时期的尺子，它们的实际尺寸都有所不同。因而，按照它们计算出来的孔子身高也不完全一样。大致情形如下：

> 河南安阳殷虚出土的周朝骨尺合今天21.92厘米，按照这个尺寸，孔子的身高是2.1米强；
>
> 河南洛阳金村古墓出土的战国铜尺合现在23.1厘米，按照这个尺寸，孔子的身高接近2.2米；
>
> 安徽寿县楚墓出土的战国铜尺合现在22.5厘米，按照这个尺寸，孔子的身高是2.16米；
>
> 1968年到1985年出土的西汉时代的木尺、铁尺、铜尺、竹尺和骨尺共七种，最短为23厘米，最长的不超过23.6厘米，按照这些尺子，孔子的身高在2.2米至2.26米之间。

不论根据哪一种尺子，孔子的身高都在两米以上。古代人类的身材普遍较矮小，普通人多在一米六以下。孔子生前，其身高之引人注目，不难想象。其实，就是在人类身高平均数已经大大增加的今天，孔子的身高也是远远超过常人的。若在今天，孔子很可能会被人们称作“巨人”。

自古伟人多小个子，大个子通常“四肢发达，头脑简单”，只能从事一些需要身高的体力工作，如打篮球。孔子的身高说明，高个子的头脑也可以是不简单的，也可以成为伟人。

**孔子的身手**

开门办学，招收学生之后，孔子就不再谈论“怪、力、乱、神”了。其中的力，当然是暴力，包括日常生活中的挥拳动粗。因此，孔子可能会给人一个温文尔雅的感觉。因此，有人进而产生孔子是胆小、力微的怯懦之人的误解。比如《左传》定公十年，就说孔子是“知礼而无勇”之人。其实孔子那是故意“不肯以力闻”（《吕氏春秋·审大》，又《列子·说符》），他要讲礼仪，讲和平，宣传西周王道，王者讲品德——只有称霸的人才讲暴力。只有真正孔武有力的人出来讲礼仪，讲和平，才能服人，才能收到预期的效果。老鼠宣传礼仪，呼吁和平，猫不答应，有什么用呢?

其实，孔子决非一味地温文尔雅。他也是有威严的。这威严一方面来自他内在的学识修养，另一方面则来自他孔武有力的身体——直白地说，孔子应该是有武功在身的。我这样说是有许多证据的。请看：

> 《论语·述而》记载，孔子在他学生眼里的形象是“温而厉，威而不猛，恭而安。”可见孔子是有厉、有威的一面的，只是他平时一般不发作出来。
>
> 《论语·子罕》，孔子说自己从小出身贫贱，因此“多能鄙事”。这鄙事，除了扫地、做饭、种菜、挑担以及给人家牧羊、放牛、在婚丧嫁娶红白喜事场合给人家当吹鼓手等等之外，可能还包括身手拳脚。参看下边《淮南子·主术训》条。
>
> 《论语·公冶长》中，孔子曾批评他的学生子路“好勇”超过了自己。这可以理解为，孔子承认自己其实也是“好勇”的。
>
> 周游列国，孔子师徒一度在陈蔡之间遭到围困。绝粮之际，跟从的学生有些病得都站不起来了。而孔子一个人还在那里不停地弹琴唱歌。由此可见，孔子的身体素质非同寻常，很可能有内功底子。
>
> 孔子教学的科目“六艺”，包括了骑马、射箭两项。孔子能射飞鸟（《述而》），六十三岁时还曾亲自为学生驾车（《微子》）。《礼记·射义》记载，孔子一次射箭，观看的人里三层外三层，跟围墙似的水泄不通。可见，射箭、骑马，都是孔子的拿手好戏。
>
> 《吕氏春秋·慎大》记载，“孔子之劲，举国门之关”。
>
> 《列子·说符》记载：“孔子之劲，能拓（举起）国门之关”。众所周知，普通的城门栓，都可重达百十斤。都城的城门栓，就更粗重了。
>
> 《淮南子·主术训》记载：“孔子之通，智过于苌弘，勇过于孟贲（古代勇士），足蹑与郊菟，力招城关，能亦多矣。”孔子不但力大无比，还能飞跑，追逐野兔，或许他练过轻功。

> 孔子的得意弟子子路，投到孔门之前是一个整天头戴公鸡冠的好勇之人，手下有一帮弟兄，是黑社会的头目。不难想象，他的身上一定是有功夫的。子路之所以能够老老实实跟着孔子念书，应该曾经被孔子以武力降伏过。
>
> 孔子的父亲叔梁纥是曾经力挺城门的著名武士，他的这种体能，毫无疑问，已经遗传给了孔子。

种种迹象，都透露出这样一个信息：孔子不但会武功，而且功夫相当了得。这样一个勇武有力的人，口口声声周朝的礼仪，仁爱之道，实在是一件很有趣的事情。圣人就是圣人，不服不行。

## 孔子秃头吗?

网上有人发问：“孔子为什么是秃子？”结果，得到的几个回答，莫不是孔子“聪明绝顶”之类。显然，这是一道拙劣的脑筋急转弯题目。

开玩笑，当材料。今天有人拿来开玩笑的事情，却不料，一百多年前已经有外国人是信以为真的。美国诗人兼专栏作家尤金·菲尔德（1850—1895）在其《书痴的爱情事件》（The Love Affairs of a Bibliomaniac）一书（秦传安译，中华书局2005年版）《聪明的脑袋不长毛》一节中说，他在法国巴黎认识的比他年长一岁的“巴黎观光客”梅休因法官，认为秃头乃是智慧和灵性的显著表征。为此，他收集了大量相关文献，着手编订一份人类社会历史中著名秃子的名单。这份名单包括数千位历史名人，其中有荷马、苏格拉底、孔子、亚里斯多德、柏拉图、西塞罗等。就是说，他认为孔子是个秃子。

初看之下，觉得很惭愧。跟孔子有关的文献，《论语》、《史记·孔子世家》、《史记·仲尼弟子列传》、《孔子家语》之类，我都看过，而且大多不止一遍。可是从来没有留意过，孔子是否秃子的问题。

但是，稍微翻检了一下，又发现，惭愧可以免去。因为，外国人的说法未必靠得住。

我认为，根据多种文献有关记载推测，孔子似乎并非秃子。

一般而言，矮人嘴里不会轻易说出“矬”字。假如孔子是秃子，他应该不会轻易说到头发上去。但是，孔子及其弟子就多次说到头发。《论语·宪问》记载，孔子高足子贡有一回问孔子，管仲在公子纠被齐桓公杀死的时候没有殉职，后来还做了齐桓公的宰相，这样的人能算仁者吗？孔子回答说：“管仲相桓公，霸诸侯，一匡天下，民到于今受其赐。微管仲，吾其披发左衽矣……”。孔子说，倘若没有管仲，连他都将沦为披头散发、衣襟左向开的野蛮人。又，被纪昀指出为“七十子之徒之遗言”的《孝经》，其中有“身体发肤，受之父母，不敢毁伤，孝之始”的话，又提到头发。

根据文献记载，孔子前代、同代、晚辈都有长得像孔子的。《史记·孔子世家》说，孔子周游列国，在郑国跟弟子失散，独自站在郑国都城东大门外。结果有郑国人报告子贡：“东大门有个人，其颡似尧，其项类皋陶，其肩类子产，然自要以下不及禹三寸，累累者若丧家之狗。”郑国人说的就是孔子。可见，孔子跟夏朝尧帝一样，都是大脑门。孔子周游列国的时候，路过匡地时被拦住，拘留了五天。原因是，孔子相貌像曾经侵犯过匡人的阳虎，被误抓了。《史记·仲尼弟子列传》记载，孔子死后，弟子们思念老师，因为有若相貌像孔子，弟子们于是推崇有若为老师，对他恭恭敬敬的，就像当年孔子在世时一样。如果说，尧、阳虎、有若都是秃子，秃子似乎太多了一点。

孔子之所以被认为是秃子，很可能跟《史记·孔子世家》的如下几句话有关：“鲁襄公二十二年而孔子生，生而首上圩顶，故因名曰丘云。”唐司马贞《索引》：“圩顶，言顶上窳也。”可能有人把这个“窳”字理解为秃头了。其实，“窳”就是恶劣、败坏的意思，指孔子四周高、中央低的脑袋，并不美观。换言之，并没有秃顶的意思。

另外，倘若孔子真是秃头，他的对手们一定会大张旗鼓加以宣扬，非弄得地球人都知道不可。

## 孔子是形象管理大师

近日听到一种说法，形象管理是生产力。我觉得，这说法挺有意思。孔子就是一个十分注重并善于作自我形象管理的老人家。衣食住行，言动举止，他都很讲究，决不苟且。

《论语·乡党》比较集中地记录了孔子这方面的讲究情况，这里转述几章大意如下：

不用绀（深青色）緅（铁灰色）作衣服领口和袖口的边缘。红色、紫色布料不用来制作家居服或者内衣。夏季，在自己家中穿单层葛衣，但出门时一定要再穿一件外衣。羔羊裘皮，须用黑色；麑裘，须用白色；狐裘，须用黄色。居家的皮袄，衣摆要长一点，但右手袖子应短一些。一定要有寝衣，寝衣长度是身体的一倍半。出了丧期，各种佩饰都不能省去。除了朝祭衣服正幅如帷，不必裁去一些布，其他衣服都必须裁去一些布。穿戴着羊羔裘皮衣裳和玄色冠冕，不能去参加丧礼。月初，必须穿着朝服上朝。——这是服装服饰穿戴上的讲究。

谷麦等食材加工越精良越好，鱼肉切脍越细致越好。粮食久沤变质，鱼肉腐败，不吃。颜色难看，不吃。气味难闻，不吃。烹调方法不当，不吃。不是饭点，不吃。宰杀动物有问题，不吃。没有合适的调味酱，不吃。席上肉再多，也不吃超过饭食的数量。只有酒不作量的规定，以不醉酒乱来为限度。集市上买来的酒和肉脯，不吃。饭桌上常备生姜，但不多吃。——这是饮食上的讲究。

躺在床上不能像挺尸，日常居家不必像做客。

席位安排不妥当的，不入座。

——以上两章是起居上的讲究。

登车时，一定是身体端正直立，抓住上车绳子。上了车，不回头朝后边看，不高声急促说话，不伸手作指点动作。——这是乘车出行的讲究。

在家乡父老面前，孔子不以圣贤自居，而表现出温和恭敬的样子，好像是不善言辞的人；而在宗庙、朝廷中，却是措辞精确，言语流畅，滔滔雄辩，同时严守分寸。

在朝廷上，跟下大夫交谈，一副和颜悦色的样子；跟上大夫交谈，一副公正严肃的样子。国君在场，则是一副恭敬认真的样子，不卑不亢的样子。

——以上二章是言语上的讲究。

国君派人邀请孔子，让他负责接待外宾。孔子见到外国宾客时，神色矜持，快步上前。跟站立着的宾客作揖，一会儿左边，一会儿右边。因此，前后衣摆随之晃动；快步上前时，好像鸟儿挥动翅膀。宾客走后，一定向国君汇报：“宾客已经走远不再回头了。”

进王宫大门，缩身而行，仿佛没有容身的空间。不站立在大门正中的位置，走路时不踩到门槛上。经过依礼属于国君的位置时，神色庄重起来，脚步加快，说话好像中气不足。两手提起衣襟走上大堂台阶，身体前倾，屏住气息仿佛不能呼吸。走出大堂，下了一层台阶，放松脸色，现出轻松愉快的样子。走完台阶，向前一溜小跑，仿佛鸟儿挥动双翅。回到自己的位置，又是一副恭敬认真的样子。

接受国君派遣出使邻国，恭敬地躬着身子，虽是拿着轻轻的玉圭，却如同承受不住的样子。上举如同作揖，下降如同授予。身体战栗脸色惊恐，脚下小心翼翼，像是摸索着前移。敬献礼物时，和颜悦色；私底下跟外国君臣见面时，一副轻松愉快的样子。

——以上三章是举止上的讲究。

孔子的形象管理，既有对礼仪制度的遵循，又有审美上的讲究，里边学问很大。在常人看来，简直是繁缛琐细，莫之所从。

孔子的形象管理，显然是成功的。其最成功的地方，是给自己塑造了一个可敬又可爱的形象。也就是他的弟子子夏所说的“君子三变”：“望之俨然，即之也温，听其言也厉。”远距离，看起来神色庄严；近距离，靠近了是亲切温和；零距离，听他说话会觉得严肃准确。

有人将相声艺术表演风格归纳为帅、卖、怪、坏。比如说，侯宝林先生是帅，马季先生是卖，马三立先生是怪，侯跃文先生是坏。我发现，借用这四个字，来形容孔子的形象，相当恰切。请看：

在陈蔡之间，遭到围困，生死攸关之际，孔子“弦歌不绝”；马厩失火，孔子退朝回家得到禀报，问伤到人没有，不问伤到马没有；朋友死了，没有家属亲人料理后事，孔子说：“料理后事，我来。”——姿势够帅！

“学而不厌，诲人不倦”；“其为人也，发愤忘食，乐以忘忧，不知老之将至云尔”；“朝闻道，夕死可矣”；“知其不可而为之者”。——工作够卖（力）！

“生而首上圩顶，故因名曰丘云”；“孔子长九尺有六寸，人皆谓之‘长人’而异之”；“其颡似尧，其项类皋陶，其肩类子产，然自要以下不及禹三寸。累累若丧家之狗”。——相貌够怪！

在匡地受窘，颜回落在后面。赶上来后，孔子第一句话是“我以为你死了呢”；弟子子游做武城长官，用孔子礼乐治国理论管理小城，孔子听到弦歌之声，嘲笑他割鸡用牛刀。弟子冉求做季氏宰，孔子说他为富人增加财富，号召其他弟子“鸣鼓而攻之”——孔子是不是有点儿坏？

除了这四个字，我认为还可以再加上一个字：拽。证据有：“割不正，不食。不得其酱，不食”；“席不正，不坐”；卫灵公向孔子请教关于军阵行列的问题。孔子回答说：“祭祀方面的事情，我略知一二；军阵方面的事情，我没有学过。”第二天就离开了卫国。等等。

达巷党人嘲笑孔子，说他“博学无所成名”。孔子不服气，说自己可以凭驾驭马车技术成名。其实孔子在自我形象管理上，是已经成名了的。我甚至觉得，孔子之所以生前能够吸引众多青年投到自己门下，死后赢得“万世师表”“至圣先师”之类光荣称号，跟他形象管理方面拥有出类拔萃的能力，有直接的关系。

帅、卖、怪、坏、拽，就这样，孔子给自己留下了千古不磨、永垂不朽的形象。

# 三、孔子的身世

## 孔子有过哪些老师?

很快就是“教师节”。忽然想起一个题目：教师行当的祖师爷孔子，他老先生有没有老师？如果有，都有过哪些老师呢？

翻阅了一些书籍，上网搜索了好一会儿，都没有看到能让我感到满意的解答。只好自力更生，搜罗资料，寻找答案。

《论语·子张》记载，卫国大夫公孙朝问子贡，孔子跟谁学习（“仲尼焉学”）。大约是这位公孙朝先生的话里有嘲讽孔子并非名师高徒的意思，子贡也毫不客气地予以反诘：“文王、武王的大道并没有崩坏，还在人间。贤者理解它大的方面，不贤者了解它小的方面，文武之道，无处不在。夫子哪里不能学习？他为什么要有固定的老师呢？”

这一段文字，给了我们两个信息：一、当时一般人都不知道孔子的老师是谁；二、孔子的学生（包括子贡）也承认孔子没有一定的老师。之所以这样，除了孔子青少年时代因为父亲早逝家境贫寒的确没有拜过名师之外，还有可能是，孔门子弟有意不提孔子的老师有哪些人，为的是把孔子塑造成横空出世的“至圣先师”。

事实上，孔子承认，自己并非生而知之的“天才”，他只是一个因为喜欢古代典章制度，所以努力去钻研、了解的人。小时候学习各种“鄙事”（大约指吹拉弹唱、驾车、射箭之类技艺），十五岁立志学习古代礼仪典章知识，五十岁以后研习《易》，无不表明，孔子是一个学习上不知满足的人，而且做

到了“活到老，学到老”。孔子更是一个善于学习的人。他曾说过“三人行，必有我师焉”的话；可以肯定，他也是一个为了获取知识可以“不耻下问”的人。

孔子的学习，固然相当程度上是自学行为。但是，这不等于说，孔子一直没有向他人求教和学习过。孔子很可能只是没有正式、长期地拜某个人为师，进行系统的学习。但是，私淑前贤、短期求学、向他人学习某一项具体技艺之类的事情，孔子做过不少。换言之，孔子的学习道路上，可能不曾有过狭义的老师，但广义的老师肯定是有过的——事实上，有过不少位。下边我就分类略作介绍：

音乐老师。孔子最爱学习的是音乐，包括器乐和声乐。《史记·孔子世家》记载，孔子在齐国的时候，跟齐国的宫廷乐师谈音乐，听到周朝的宫廷乐曲《韶》，喜欢得不得了，立即拜齐国的宫廷乐师为师。学习演奏《韶》的几个月时间里，由于全身心沉浸于美妙的乐曲之中，连他平日里最爱吃的肉的味道都闻不到了。可惜的是，这位教孔子演奏《韶》的老师没有留下姓名。不过，另外一位教孔子弹琴的老师，却留下了姓名，他就是鲁国的师襄子。师襄子在宫廷乐队中的专业是击磬，但是，他也很擅长抚琴。孔子就曾经跟他学了一段时间抚琴，直至把一曲《文王操》彻底掌握并深刻理解。《论语》记载，孔子跟人一块唱歌，如果觉得别人唱得好，就会让人重唱，自己学会之后，再跟人合唱。遗憾的是，这些教过孔子声乐的老师，都没有留下姓名。教过孔子音乐的，还有一位周朝的大臣苌弘。《大戴礼记》有孔子到周“学乐于苌弘”的记载。

其他技艺的老师。有一次，达巷党人嘲讽孔子，说他博学无所成名，孔子说自己掌握了驾车技术。孔子还说过，自己年轻的时候，身份低贱，因此学会了不少雕虫小技。合理想象，孔子学习这些技艺，都应该是有老师的。

为人、思想方面的老师。《史记·仲尼弟子列传》有如下一段话：

> 孔子之所严事：于周，则老子；于卫，蘧伯玉；于齐，晏平仲；于楚，老莱子；于郑，子产；于鲁，孟公绰。数称臧文仲、柳下惠、铜鞮伯华、介山子然。孔子皆后之，不并世。

所谓“严事”，就是心怀敬意地对待，实际上也就是以他们为学习榜样，以他们为师。有的学习他们的为人品德，有的学习他们的思想观点。这其中，老子是曾经对孔子作过当面点拨的老师。临别之际，还语重心长地送了孔子如下几句话：“聪明深察而近于死者，好议人者也；博辩广大危其身者，发人之恶者也。为人子者毋以有己，为人臣者毋以有己。”接受了老子的一番教导之后回到鲁国，孔子身价提高了不少，投到门下的学生明显增加了。《论语》记载，有一次孔子感慨自己年老体衰，很久没有梦见周公了。显然，周公是孔子思想方面最重要的老师。他的礼乐治国思想，就来自周公。

此外，宋人编辑的《三字经》中，有“昔仲尼，师项橐，古圣贤，尚勤学”的话。原来，民间传说中有年仅七岁的聪明儿童项橐“三难孔子”使得孔子拜其为师的故事。故事不一定可靠，但是，孔子生前，不耻下问的事迹一定是有的。

## 谁是孔子的伯乐?

韩愈说得对，“世有伯乐，然后有千里马”。同理，任何一个没有背景的人能够成就功名，其背后必定有一位伯乐。比如说，盛唐大诗人李白的诗名，离不开贺知章的“惊为谪仙人”；晚唐小诗人项斯的诗名，离不开杨敬之的“到处逢人说”。

然而，奇怪的是，中国历史上最著名的文化人物孔子，却像是天外飞来，是没有伯乐的。记载孔门师徒言论的《论语》中，不曾提及孔子有伯乐；历来各地无法计数的大小孔庙中，没有孔子伯乐的身影；熟读《论语》的当代读者中，恐怕也极少有人能说出孔子伯乐姓甚名谁。

或许有人会说，老子是孔子的伯乐。因为，孔子年轻时曾经带着弟子南宫敬叔和一个仆人乘一辆两匹马拉的车，到周都洛阳向时任皇家图书馆馆长的老子请教礼仪问题。请教完问题，临回鲁国之际，老子送了孔子四句话，其中前两句是：“聪明深察而近于死者，好议人者也；博辩广大危其身者，发人之恶者也。”其中的“聪明深察”和“博辩广大”，不妨看做是对孔子的褒扬之

词。“孔子自周反于鲁，弟子稍益进焉”（孔子从周都回到鲁国，学生数量有所增加），大约跟老子的这个褒扬不无关系。但是，老子与孔子的关系，基本上是师生关系，孔子拜访老子，相当于短期进修，或者说，孔子到老子那里做了一段时间的访问学者。老子给孔子的临别赠言，也是老师对学生的勉励、训诫口吻，并非直截了当的褒扬之词。

事实上，司马迁《史记·孔子世家》中明确记载了孔子伯乐的名字，他就是鲁国大夫孟厘子。早在孔子十七岁上，孟厘子一次生病（一说病危将死）的时候，交代儿子懿子：“孔子是圣人商汤的后代，他的六世祖孔父嘉被杀之后，他的五世祖跑到了宋国。他的祖先弗父何本来可以继承宋国诸侯之位，但是他让给了弟弟厉公。弗父何的曾孙正考父，由于先后辅佐宋戴公、武公、宣公，三朝元老，言行更加恭敬有礼。就像鼎铭上所说的：一朝受命，肩膀高耸；两朝受命，弯腰收胸；三朝受命，低头缩手，循墙而行。因此，别人也不敢欺凌。鼎中煮糊糊煮米粥，日常生活很节省。孔子祖先就是这样恭敬有礼的人。我听说，圣人后代，即使不做大官掌大权，也有品德高尚明白事理的。现在孔子年纪轻轻，却喜欢研究礼仪，大概就是这种品德高尚明白事理的人吧。我死了以后，你一定要拜他为师！”果然，孟厘子死后，懿子和南宫敬叔兄弟俩，便拜孔子为师，学习礼仪。

身为鲁国大夫的孟厘子，对年方十七岁的孔子作了如是肯定和评价，并且于病中嘱托儿子自己死后要拜孔子为师，这无疑是孔子人生道路上至关重要的一个转折点，使孔子从此走上收徒教学的道路，使孔子踏上通往名垂千古“至圣先师”的道路。

我们知道，孔子出生的时候，父亲叔梁纥已经去世，由年轻母亲徵在独力抚养。单亲家庭长大的孔子，“贫且贱”，即家境贫寒，社会地位低下。孔子虽然从小就表现出了与众不同之处，跟小伙伴玩耍，玩的不是尿尿和泥巴、过家家扮新郎官之类，嘻嘻哈哈，而是陈列俎豆举行祭祀仪式，神情严肃。但是，这对提升他的身份地位，并无多大帮助。有一次，鲁国大夫季氏举行宴会，款待士子（读书人）。孔子腰里别着经书（一说孔子因为母亲去世腰里扎着白绢）就去了。结果，被季氏家臣阳虎（货）拦住，说什么：“季氏款待士子，但不敢款待您。”这一次被阳虎拒之门外，对孔子心理的伤害打击是很大的。孔子日后能到季氏家担任仓库管理员，走上仕途，孟厘子的赏识当有一定的关系。说不定，根本就是孟厘子推荐他去的。

孟厘子对于孔子有如此知遇之恩，但是未见孔门弟子言语之间偶尔提及，亦未见后人津津乐道，跟贺知章之于李白、杨敬之之于项斯形成鲜明的对比。个中原因，耐人寻味。我的猜想是，孔门弟子和崇拜孔子的后人，是出于维护自己心中偶像至高无上的地位和光辉无比的形象的需要。

## 孔子去世为何没得到“国葬”待遇？

看到这个题目，估计会有人慷慨大方地赠我一顶“标题党”的桂冠，嗤我以鼻，曰：假设历史，无聊之极。

其实，这不是我假设的历史问题。早在距今两千多年前的汉朝，已经有文献记载，曾经有人讨论这个问题。西汉刘向《说苑》卷第五：

> 季康子问子游曰：“仁者爱人乎？”子游曰：“然。”“人亦爱之乎？”子游曰：“然。”康子曰：“郑子产死，郑人丈夫舍玦珮，妇人舍珠珥，夫妇巷哭，三月不闻竽瑟之声。仲尼之死，吾不闻鲁之爱夫子，奚也？”子游曰：“譬子产之与夫子，其犹浸水之与天雨乎！浸水所及则生，不及则死，斯民之生也，必以时雨，既以生，莫爱其赐。故曰：譬子产之与夫子也，犹浸水之与天雨乎？”

旧署孔鲋《孔丛子》（专家考证，孔鲋不是真正的作者。据《汉书·艺文志》未见著录和三国曹魏王肃在其著作中提到此书这两点，可知它的撰写年代当在东汉末年至曹魏之间），其中《训纂篇》，子思回答县子提问，引用子游的话，跟这个记载大致相同。

季康子即季孙肥，是鲁国大夫（正卿），子游是孔子的入室弟子，得意门生，孔子对其文学（辞章学术）方面的造诣赞赏有加，将其名列“孔门弟子文学榜”榜首（位于其后的是子夏）。

如果《说苑》和《孔丛子》的记载是有事实依据的，那么，通过子游的

话，我们可以获得这样一个信息：孔子尽管生前贵为儒家学派的创始人，是当时有名的学者，有众多弟子出将入相，具有一定的知名度和社会名望。但是，孔子去世的时候，并未得到像郑国宰相子产那样的“国葬”哀荣。

司马迁《史记·孔子世家》记载，孔子卒于鲁哀公十六年（公元前479年）4月11日，鲁国国君鲁哀公发表了一篇哀诔短文（追悼词），称孔子之死，使他感到孤独，提不起精神。结果遭到了孔子高足子贡的批评，说鲁哀公在孔子生前没有任用他，死后却写诔文哀悼他，是不合礼节的。孔子之死，他的弟子们是有悲伤表现的。孔子下葬后，所有弟子都服丧三年，三年期满，相互哭着诀别，其中子赣继续住在墓旁，满六年后才离去。后来，又有弟子和景仰孔子的鲁国人共计一百多户，到孔子墓旁边造屋定居，成为一个村子，取村名为“孔里”。

比起子产死后，国人无论男女，都摘下身上的装饰品，在大街小巷哭泣，三个月内停止娱乐活动，孔子的死后境况实在有些冷清。在孔子被后代中外人士推尊为“至圣”（圣人中的圣人，或曰极品圣人）、“万世师表”、“全世界各民族的光荣”（美国诗人兼哲学家爱默生语）之后的今天，人们很容易替孔子感到不平。

众所周知，被毛泽东誉为“当代孔夫子”的文学家鲁迅1936年去世的时候，得到了非官方的“国葬”级哀荣；在云南发动护国运动的将军蔡锷，1916年在日本病死之后，得到了“国葬”的待遇；窃据“中华民国”大总统的黎元洪，病死后得到了国民政府的国葬待遇；就连杀人魔王军阀孙传芳，在遭仇家刺杀之后，也得到了一场豪华不亚于国葬的葬礼。古往今来，帝王将相，纵是平庸之辈，得到国葬待遇者，大有人在。

孔子没能得到子产那样的“国葬”待遇，子游的解释，即：孔子天雨般的恩惠不容易为人感觉到，而子产浸水般的恩惠，效果显著，人所共知。这是一种极具文学色彩的解释，巧妙，俏皮，但不能算是严谨的学术见解，至少是不全面的。纵观历史，我们看到，在中国，要想死后得到国葬待遇，成为帝王将相，乃是最有效靠谱的渠道。因为，决定是否给予国葬待遇的权力在朝廷，在政府，在皇帝，在总统那里。试图通过从事科学研究、文艺创作，获得这种殊荣，无异于痴人说梦。我们没有真正的推崇文化科学方面贡献者的习惯和传统，官方如是，民间亦如是。文化科学方面贡献者，尤其是杰出贡献者，多是坎壈终身，死于贫穷，死于寂寞的。有如大诗人李白所言，“古来圣贤皆寂寞”。在这一点上，鲁迅真是个异数，大约跟当时国难当头、在野党暗中运筹等因素有关系。鲁迅的死后待遇，千古一人而已，是无法复制的。

## 孔子身后哀荣

孔子死后，并没有像郑国的名相子产那样，得到国葬的待遇。但是，比起一般的达官贵人、富商巨贾来，孔子身后的哀荣规格还是相当高的。

至少，孔子享受到了如下一些待遇：

首先是，鲁国君主哀公亲自撰写了一篇诔文。“旻天不吊，不赉遗一老，俾屏余一人以在位，茕茕余在疚”云云。虽然没有《红楼梦》中晴雯病死后贾宝玉所作的《芙蓉女儿诔》文采飞扬，情感深挚，但是，孔子之死，他感到了孤独，应该是真实的感情。

其次是，众弟子按照他生前制定的丧葬礼仪，为他治丧、守孝。一次孔子病危，子路僭越礼制，临时委任家臣，成立“治丧委员会”，遭到了孔子严厉的训斥。再者，喜欢张罗事情的子路，早于孔子离世。可以想象，孔子去世的时候，大概是没有任命临时家臣、不曾成立治丧委员会处理善后事务的。但是，《史记》记载，孔子死后，被埋葬在鲁国都城（今天山东曲阜）北面、泗水河边，弟子们都守孝三年，心怀悲痛。三年期满后，又相对大哭一场，然后各自散去。也有人留下来，继续守孝的。其中一个叫子赣的弟子最为淳朴深情，在孔子坟边筑小屋，住了六年，这才离去。

再次是，弟子、乡人在孔子陵墓附近安家定居。上古固然有在陵墓旁修建住宅的现象，但并非什么陵墓旁边都会有人修建住宅的，只有墓主是明君英主或者圣贤时，才会有这种现象。孔子埋葬后，他的陵墓附近，竟然有弟子及乡人上百家定居，因此得名“孔里”。后来，随着名声日隆，帝王重视儒学，年年祭祀时节，鲁国人都会到孔子坟前举行祭祀仪式，儒生们也会在孔子陵墓旁讲习礼仪。孔子陵墓几经增扩，达到占地一顷的规模。

到了汉朝，汉高祖刘邦路过鲁国，以牛羊猪太牢的最高级别进行祭奠。

从那以后，诸侯卿相到了鲁国，都是先拜谒孔陵，然后再走马上任，处理政务。就是说，祭奠孔陵，成了各级官员的头等大事，首要任务。

孔子死后，陈子禽恭维子贡，说他比孔子还有智慧。结果，遭到了子贡的反驳。子贡的最后一句话是："其生也荣，其死也哀，如之何其可及也？"（《论语·子张》）做过宰相、家累千金（当时鲁国首富）的子贡，感慨孔子的死后哀荣无人能及。这说明，孔子死后的丧葬之礼，是很隆重的。

至于汉武帝"罢黜百家，独尊儒术"以后，孔子受到历代朝廷、民间的一致推崇与敬仰，无人能及，所享尊荣，更是旷古一人而已。实际上，远远超过了只是喧闹一时的国葬！

## 孔子是韩国人吗?

多年前，国内有媒体报道，韩国有学者提出孔子是韩国人的说法。一石激起千层浪，国内舆论一片哗然，国人纷纷谴责、怒骂、嘲笑韩国人的抢我古人行为。时至今日，网络上、街巷中，仍然常常可以碰到对说孔子是韩国人的韩国学者表示义愤填膺的同胞。

这件事情，我认为，暴露出来的主要问题，不是个别韩国学者的厚颜无耻，而是部分国人的急躁无知。

假如我们能不那么急躁无知，只是从简单的报道中，就不难看出，韩国学者的某些推论，其实是有一定历史依据的，并非凭空杜撰。比如，韩国学者认为孔子是朝鲜民族祖先的后代，其依据是：朝鲜半岛最早建立政权的是商朝贵族箕子，西周封建的宋国的第一个国君就是箕子的亲戚微子，而孔子是宋国贵族后代，也就是韩国祖宗箕子的后代了。

商朝贵族箕子奔朝鲜后建立政权，我国古代文献《竹书纪年》、《易·明夷》、《汉书·地理志》等均有记载。西周封建的宋国开国国君微子是箕子的亲戚，也于史有证。因此，说宋国贵族后裔孔子是微子的后代，是说得过去的。与此同时，说孔子是箕子的后辈，也说得通。当然，据此便说孔子是韩国人，却是错误的。箕子移居朝鲜成了朝鲜人，但不能因此说并未移居韩国的箕子的后辈也成了朝鲜人。不要说孔子跟箕子隔着好多辈，即使他们只是上下辈之别，比如说，孔子是箕子的侄子，孔子本人也不会因为叔叔箕子移居朝鲜就变成了朝鲜人。我们知道，孔子是说过“道之不行，乘桴浮于海”的话，他所说的海，指的是“九夷”，也就是今天的朝鲜半岛。但是，孔子显然并未乘桴（木筏之类）浮于海，就是说，孔子并未坐着船东渡朝鲜。

我非但不觉得韩国学者是在抢夺文化名人孔子，反而觉得韩国学者是在到中国历史中寻根问祖。寻找的结果，他们发现，自己的祖先是中国人。只不过碍于面子，他们没有把这个结论直截了当地说出来而已。

这使我想起一件往事。十多年前，我在韩国一所大学教书的时候，当时的同事、后来做过韩国政府驻台湾代表的具良根教授，一次酒后跟我半开玩笑说：“你们中国东北大部分地方古代是我们韩国的。”我当时就针锋相对地跟他说：“请您不要跟我们中国人讲历史，讲历史，你们一定是讲不过我们的。”具教授听后，就把话题岔开了。

倘若国人能做到不冲动，不激动，能冷静了解一下，韩国有多少人相信“孔子是韩国人”的说法，就会知道，其实韩国人绝大部分是不同意这种说法的。有如新闻学定律所言，“狗咬人不是新闻，人咬狗才是新闻”。韩国教授提出“孔子是韩国人”的观点之所以会成为新闻，就是因为它的怪异，很少有人相信。信的人很多，变为常识，无法成为新闻。

倘若国人能够大度一点，勇于自我批评一点，是会觉得“孔子是韩国人”其实也有一定的道理。孔子在中国经常遭批斗，被打倒，但是，在韩国却一直受到人们普遍的尊敬、崇拜。换言之，中国人抛弃孔子的年代，韩国人却奉若至宝。听说，山东曲阜祭孔大典的仪式有些做法是从韩国成均馆大学的祭孔活动偷偷学习回来的。几十年的打倒孔家店、批孔等政治运动，我国已经遗失了祭孔的传统和仪式。

据说，韩国有人根据著名美女西施的家乡——今天浙江诸暨一带，历史上曾有高丽人居住过，便推论说，西施也是韩国人。这个说法，国人听后，也不必生气，而应该高兴。因为它提到了一个历史事实，曾经有朝鲜人被作为人质或俘虏，安顿在中国各地，渐渐被同化成中国人。读过一些历史书的人都知道，我国古代为了靖边，为了减少敌国侵扰，经常把敌国的俘虏或人质，包括它们的王公贵族，迁居到中原地区，使他们处于华夏民族居民的包围之中，人种、文化都被迅速地融化掉。有学者考证，陶渊明诗句中的“暧暧远人村”，其中的“远人村”并非远远地看见人影的村子，而是人口从老远地方迁来的村子——外国移民形成的村子。

## 孔子比窦娥还冤

有人骂孔子，批儒家，其理由是：孔子创立的儒家学说，导致了中国近代的落后挨打，受尽欺凌。

这个理由是经不起推敲的。

按照公认的说法，儒家学说被确立为我国的正统思想，最早是汉武帝时期（公元前156—前87年）。汉武帝刘彻采纳了董仲舒的建议，“罢黜百家，表彰六经”，即通常所说的“罢黜百家，独尊儒术”。

如果说，孔子创立的儒家学说是一种腐朽、落后、祸国殃民的理论，按理说，应该出现这样的后果：刘彻成为亡国之君，中国国运从此由盛转衰，直至灰飞烟灭。

但事实恰好相反。汉武帝不但没有成为亡国之君，反而成为我国历史上文功武治成就最卓著的帝王之一。“秦皇汉武”、“唐宗宋祖”，跻身四大名帝之列。汉朝不但没有转向衰落，反而繁荣昌盛，历十二帝，享国二百一十年。更令人称奇的是，已经沦落为平民的汉朝皇室后裔刘秀，创建的东汉（后汉）王朝，又传十四帝，历经一百九十五年。前后汉相加，一共四百零五年，是我国两千多年里国祚绵延最为久远的王朝。众所周知，汉王朝是一个强盛的王朝，不但能有效地抗击西北地区剽悍的游牧部落匈奴的侵扰，还开疆拓土，把版图向西、向南大大地扩展了。汉朝因为推崇儒术而兴起的经学（包括文字学、训诂学），是我国文化学术史上的一个鼎盛时期。

汉朝之后，结束南北朝分裂局面而兴起的隋朝，虽然短命，却也是盛极一时的大一统王朝，它有能力动员民众修建京杭大运河的重要河段。

继隋朝而起的李唐王朝，更进一步打击西北地区的游牧部落政权，匈奴彻底衰亡，唐太宗因此被尊称为“天可汗”。唐朝文化艺术尤其是诗歌的繁荣昌盛，堪称空前绝后。丝绸之路的沟通，唐朝实行的对外开放政策，使得首都长安成为那个时代首屈一指的国际大都会。

通过军事政变（陈桥驿兵变）建立的宋朝，实行文人治国的方略，版图一直不完整，军事上相当软弱。到了南宋时期，更是偏安江南一隅，苟且偷生。但是，宋朝的人文气息空前浓郁，文化学术方面也呈现出一派繁荣景象，言情的文体——词，其创作更是取得了空前绝后的成绩。

非汉民族建立的王朝政权，元朝和清朝，虽然不像汉、唐、宋那样，获得广泛的赞誉，问题多多。但是，它们的军事、经济、文化，都仍是同时代的世界一流。其首都和部分重要城市，都是当时世界上最富庶的城市。即使是清朝末期，甲午战争前夕，中国的经济指数、综合国力，都远在日本之上，处于世界领先的地位。

中国的衰落，土地遭列强瓜分，财富遭各国抢掠，这种落后挨打的屈辱历史，迄今还不到两百年的时间。

近两千年的繁荣昌盛，领先世界，不说跟孔子创立的儒家学派有直接关系；这一百多年的贫弱、落后、挨打，却言之凿凿，将罪孽归结到孔子及其儒家学说名下。这公平吗？！

要论受儒家学说思想影响，韩国比起我国，可谓有过之而无不及。但是，一个只有四五千万人口的国家——土地、人口都只是我国中等省份的规模，在经济、文化上的成就却举世瞩目。如果孔子、儒家学说大大地祸害了中国，为什么没有祸害韩国呢？

“五四”时期，包括鲁迅在内的新文化运动的倡导者们，喊出了“打倒孔家店”的口号。主要原因大概有两个：封建礼教害人不浅，读经尊孔妨碍了“德先生”和“赛先生”（民主和科学）的宣传。姑且不论这种归咎法是否正确，退一步讲，即使它是正确的，也不等于孔子及其儒家学说就是罪魁祸首。因为，害人的礼教，是宋元以后衍生出来的东西；妨碍宣传民主、科学思想的，并非孔子及其儒家学说，而是打着孔子和儒家学说旗号的遗老遗少们，他们完全扭曲、背离了孔子及其儒家学说的核心价值——“学而时习之”；“有教无类”；“己所不欲，勿施于人”；“己欲立而立人，己欲达而达人”，等等。这些说法，即使今天看来，也并不过时。

## 四、孔子的性情

### 孔子铁腕铁血的一面

在今天一般人的心目中，两千五百多年前的孔子，大约总是一副慈眉善目的老人家相；从《论语》记录孔子的言行看，他大体也是循循善诱、诲人不倦和蔼可亲的民办教师样。这种印象，当然不能说是错误的，但显然是不全面的。孔子还有另外一面。

历来有这么一个说法：孔子一坐上大司寇的宝座，就利用手中权力，杀死了自己的办学竞争对手、持不同政见者少正（官职名）卯——文革期间，少正卯曾被定性为法家。孔子杀死少正卯，自然就被认为是儒法斗争的一次血腥屠杀。

不久前收到上海《社会科学报》的样报，看到一篇文章（作者沈善增），对这种把史书中记载的“孔子诛少正卯”解释为“孔子杀死（处死）少正卯”的流行观点提出了批驳。文章认为，《荀子·宥坐篇》和《史记·孔子世家》记载的孔子“诛”少正卯，其中“诛”的意思是谴责，而不是杀死。主要论据有四条：一、《说文解字》：“诛，讨也”；二、《礼记·杂记下》“不敢辟诛”郑玄注：“诛，犹罚也。”三、《春秋左传》十几处“诛”字多数是“批判”、“声讨”、“谴责”的意思；四、官居少正的卯是鲁国最高级别的大夫，孔子不可能说杀就杀了，得有相应的程序、足够的时间、国君批准。对于《礼记·王制》“四诛”之罪第三条“行伪而坚，言伪而辩，学非而博，顺非而泽，以疑众”，《荀子》所记孔子列举少正卯的“五恶”基本与此相同（“心达而险”“行辟而坚”“言伪而辩”“记丑而博”“顺非而泽”），《礼记》说周律对犯有此罪者的处罚是“杀”。对此，文章说，“杀”应该理解为“降杀”，即降级罚俸。总而言之，孔子不曾杀死少正卯。

孔子处罚“有恶者五”的少正卯，究竟是降级罚俸还是杀死，我以为，单凭这些论据还难以定论。我的根据可以概括为两条：一、从语言理解上看，“诛”“杀”无论在春秋时期还是司马迁的《史记》，的确都有“杀死”意思的用法；二、从当时法律制度上看，孔子指控少正卯的五大罪状和《礼记》所说的“四诛”罪，都是重罪，完全可能被处死刑，降级罚俸，是罚不当罪，太轻了。此外，从孔子的做事风格上看，杀死少正卯这样的事情，他完全干得出来。

出身“贫且贱”的孔仲尼，出生不久就死了父亲，父亲被埋葬在哪里他都不知道。母亲死的时候，他似乎尚未成年。不难想象，孔子从小就是在底层混的人物。他自己也承认，“吾少也贱，故多能鄙事”（《论语·子罕》）。贫穷低贱、没有多少人脉资源的孔子，却从鲁国大夫季孙氏家的仓库管理员做起，做司职吏时使得牲畜大量繁殖，因此升为中都宰。一年之后，他因为管理城市成绩显著，成为各地的学习榜样。接着，他被升为司空，主管鲁国的工程建设。不久又被升为大司寇，相当于最高人民法院院长。担任大司寇期间，还一度代理傧相之职。试问，孔子若是没有两把刷子、三两三，他会有这样辉煌的履历吗？慈眉善目的老人家、循循善诱的民办教师，那主要是他晚年留给他的弟子们的印象。

孔子虽然实际掌权的时间不长，但是手段的“毒辣”却是有所表现的。鲁定公十年（公元前500年）春天，鲁国跟齐国在一个叫夹谷的地方举行和平谈判，以大司寇摄行相事（主管外交事务的傧相）的孔子，对比鲁国强大的齐国方面安排的文艺表演横加指责，乃至逼迫齐国方面杀死了表演节目助兴的一帮喜剧演员（倡优侏儒）——《史记·孔子世家》这一回除了“诛”“有司加法焉”之外，还有明确的记载，“手足异处”。可见是真的杀了人的。结果，搞得齐景公都十分害怕，谈判结束回到自己国家之后还心有余悸。从齐鲁夹谷谈判时的表现看，大权在握的孔子，无疑是一位铁腕、铁血的人物。

孔子不但用权杀人，他也用笔杀人。孟子说：“孔子作《春秋》而乱臣贼子惧。”透过这句话，我们也不难感觉到孔子笔下的杀伐之气。

孔子的学生中，以心太软著称的曾参是不会杀人的，谎报消息的人再多，他也不会是真的杀人犯。孔子不是曾参，他虽然是圣人，但他决不是一生只扮温和先生的圣人，他确实曾经杀过人。

## 孔子的批判精神

有人以骂孔子为使命，说孔子毒害了中华文化两千多年；他们所罗列的最重要的罪行是：孔子自己满身奴性，并且给人民灌输奴性思想。他们提供的最重要的证据，是：孔子提倡的为人处世之道是温良恭俭让。

这种高论，跟《论语》中关于孔子的记载，有很大的出入。

“温良恭俭让”五个字，出自孔子弟子之口。貌似是对孔子为人处世的一种概括，但其实是出于具体语境需要的夸张：为了向一个叫陈子禽的质疑者说明，孔子每到一个国家，之所以了解其政事情况，不是通过间谍之类手段获取，而是凭着他温良恭俭让的人格魅力，别人主动告诉他的！可见，这是子贡的外交辞令。子贡为了驳斥陈子禽的质疑，而有意突显、夸大了孔子人格的一个方面。

作为一个影响深远的历史文化名人，孔子言行，固然有表现得温良恭俭让的时候，但显然，这不是他的全部，甚至也不见得是主要方面。孔子还有他铁腕铁血的一面，有以牙还牙较真的一面，以及锋芒四出富有批判精神的一面。

仅仅一万多字的《论语》中，就记载了孔子许多批评性的言语。稍加梳理，可以归纳为如下四类：

首先是道德批评。请看：

“巧言令色，鲜矣仁！”（《学而》）——批评人性的虚伪、欺骗

“巧言、令色、足恭，左丘明耻之，丘亦耻之。匿怨而友其人，左丘明耻之，丘亦耻之。”（《学而》）——批评人性的虚伪、欺骗

“今之孝者，是谓能养。至于犬马，皆能有养；不敬，何以别

乎？”（《为政》）——批评不孝之人

“吾未见刚者。”（《公冶长》）——批评人之欲望

“吾未见能见其过而内自讼者也。”（《公冶长》）——批评人不能反思、自省

“吾未见好德如好色者也。”（《子罕》，又《子路》）——批评人性好色

“幼而不孙弟，长而无述焉，老而不死，是为贼！”（《宪问》）——批评庸碌人生

这其中，有不确定对象的空泛批评，也有明确对象的当面批评。例如，最后一条，就是对老朋友原壤的批评。

其次是社会批评。请看：

“夷狄之有君，不如诸夏之亡也。”（《八佾》）——批评华夏的礼崩乐坏

“禘自既灌而往者，吾不欲观之矣。”（《八佾》）——批评诸侯国礼仪坠亡

子谓公冶长，“可妻也。虽在缧绁之中，非其罪也”。以其子妻之。（《公冶长》）——批评滥用刑罚现象

子谓南容，“邦有道，不废；邦无道，免于刑戮”。以其兄之子妻之。（《公冶长》）——批评滥用刑罚现象

子曰：“不有祝鮀之佞，而有宋朝之美，难乎免于今之世矣！”（《雍也》）——批评是非善恶颠倒

古之学者为己，今之学者为人。（《宪问》）——批评当代学者重功利

从这些例子看，孔子是一个关心社会的人。看不惯的人事和现象，决不憋在心里，他会直接、尖锐地予以指出，加以批评，加以抨击。

道德批评和社会批评，因为对象的不确定性，不会有明确的冤家仇敌，

相对来说，是比较安全，比较容易做到。这两点，一般的人也能够做到。但是，下边两点，敢于去做的人，就不多了。

其一是批评、抨击权势人物。请看例子：

孔子谓季氏："八佾舞于庭，是可忍也，孰不可忍也？"（《八佾》）——批评执政大夫僭越礼制

三家者以雍彻。子曰："'相维辟公，天子穆穆'，奚取于三家之堂？"（《八佾》）——批评执政大夫僭越礼制

王孙贾问曰："与其媚于奥，宁媚于灶，何谓也？"子曰："不然，获罪于天，无所祷也。"（《八佾》）——孔子表示宁愿得罪当权人物

子曰："臧文仲居蔡，山节藻棁，何如其知也？"（《公冶长》）——批评本国大夫僭越礼制

季文子三思而后行。子闻之，曰："再，斯可矣。"（《公冶长》）——否定本国大夫行为

季氏富于周公，而求也为之聚敛而附益之。子曰："非吾徒也。小子鸣鼓而攻之，可也。"（《先进》）——批评季氏聚敛无度

季康子患盗，问于孔子。孔子对曰："苟子之不欲，虽赏之不窃。"（《颜渊》）——批评执政大夫贪婪

康子问政于孔子曰："如杀无道，以就有道，何如？"孔子对曰："子为政，焉用杀？子欲善，而民善矣。君子之德风，小人之德草；草上之风，必偃。"（《颜渊》）——抨击执政者上梁不正

"其身正，不令而行；其身不正，虽令不从。"（《子路》）——抨击执政者自身不正

子曰："苟正其身矣，于从政乎何有？不能正其身，如正人何？"（《子路》）——抨击执政者自身不正

子言卫灵公之无道也，康子曰："夫如是，奚而不丧？"孔子曰："仲叔圉治宾客，祝鮀治宗庙，王孙贾治军旅。夫如是，奚其丧？"（《宪问》）——批评鲁国大夫能力差

“臧文仲其窃位者与？知柳下惠之贤，而不与立也。”（《卫灵公》）——批评执政大臣不作为

其二是，批评诸侯国朝廷或国君。请看：

“禘自既灌而往者，吾不欲观之矣。（《八佾》）——批评朝廷祭祀不合礼制

“居上不宽，为礼不敬，临丧不哀，吾何以观之哉？”（《八佾》）——批评朝廷祭祀不合礼制

哀公问：“弟子孰为好学？”孔子对曰：“有颜回者好学，不迁怒，不贰过。不幸短命死矣！今也则亡，未闻好学者也。”（《雍也》）——批评君主无德（迁怒、贰过）

齐景公问政于孔子。孔子对曰：“君君，臣臣，父父，子子。”公曰：“善哉！信如君不君，臣不臣，父不父，子不子，虽有粟，吾得而食诸？”（《颜渊》）——批评朝廷无序

卫灵公问陈于孔子。孔子对曰：“俎豆之事，则尝闻之矣；军旅之事，未之学也。”明日遂行。（《卫灵公》）——批评国君好战

古往今来，人类数千年文明史，像孔子这样，权势人物、朝廷国君，都敢于面对面提出批评乃至抨击的，不说绝无仅有，大致可以肯定，是屈指可数的。孟子那么不把梁惠王当回事，根源很可能就在孔子这儿。众所周知，孟轲是孔子的异代私淑弟子。

《论语》记言记事，跨越孔子一生。年龄、阅历的不同，性情观念会有所变化。比如说，老年孔子跟青年孔子相比，可能会显得“温良恭俭让”一些。但是，从孔子青年时期和老年时期，都有一言不合拔腿就走的事迹看，孔子前后性情的变化不是很大。江山易改，本性难移，这句俗话在孔子身上是有效的。

孔子之所以富有批判精神，是因为他的思想中，是非、善恶的观念始终十分鲜明。这从下边三章可以得到充分的印证：

子贡问曰："乡人皆好之，何如？"子曰："未可也。""乡人皆恶之，何如？"子曰："未可也。不如乡人之善者好之，其不善者恶之。"（《子路》）

或曰："以德报怨，何如？"子曰："何以报德？以直报怨，以德报德。"（《宪问》）

乡原，德之贼也。（《阳货》）

试想：一个是非、善恶观念如此鲜明的人，怎么可能做得到"温良恭俭让"？怎么可能满身奴性？怎么可能给人民灌输奴性思想？！己所不欲勿施于人，这是孔子倡导的理论。孔子之所以反复强调仁、恕，根本原因是：他自己很想做到，但做不到；他希望大家都能做到，但大家都做不到！人人皆能、轻而易举做到的事情，是没有必要去倡导、去强调的。

当代有位伟人称赞鲁迅是当代的孔夫子。其实，我认为，也可以倒过来说：孔子是古代的鲁迅。孔夫子的短评语言，也如投枪，如匕首，非常锋利。

## 孔子是个急性子

读司马迁《史记·孔子世家》，看孔子一生故事，觉得孔子实在是一个急性子：

在季氏家负责管理仓库时，料事称量公平廉洁；负责管理牲畜时，牲畜迅速繁殖。孔子因此被提拔为主管水利、建筑的长官。可是，不知何故，孔子不久便辞职离开鲁国，去了齐国。

三十五岁那年，平子、孟氏、叔孙氏联合进攻鲁昭公，鲁昭公失败后逃到了齐国。鲁国发生内乱，孔子又一次跑到了齐国，做起了高昭子的家臣。他希望通过高昭子接近齐景公，进入齐国王庭。因为晏婴等齐国权臣的排斥，原本赏识孔子的齐景公也表示爱莫能助，孔子回到了鲁国。

鲁定公在位期间，阳虎、季氏以及其他大夫皆僭越行事，孔子便辞官回家，研究诗书礼乐，招收弟子。

五十岁时，鲁定公任命孔子为中都宰。干了一年，成为外国的学习榜样。不久，升为司空、大司寇。齐鲁两国举行夹谷会盟时，孔子被任命为代理傧相。五十六岁上，正式由大司寇兼任傧相之职。齐国看到鲁国任用孔子，担心危及自身利益。于是采用美人计，选了80个美女，穿着漂亮衣服，跳着《康乐舞》，还有装饰漂亮的三十辆驷马拉车，一并赠送给鲁国君主。在季桓子的怂恿下，鲁君接受了齐国的美女和马车。鲁君从此沉湎声色，连着三天不上朝处理政务；郊祭的时候，又不给大夫们分发祭肉。孔子因此愤然离开鲁国。当晚住宿在鲁国南边的屯地时，对前去送别的鲁国大夫师已说，自己离开是不得已的，并且唱了这样一首歌："彼妇之口，可以出走；彼妇之谒，可以死败。盖优哉游哉，维以卒岁！"

孔子离开鲁国，第一站到了卫国。在卫国，有人在卫灵公面前说孔子坏话，卫灵公让公孙余假带着仪仗队到孔子下榻处一进一出，走了一趟。孔子害怕有麻烦，住了十个月就离开了卫国。

在陈、匡、蒲走了一圈后，又回到卫国，住在蘧伯玉家。这一次，孔子受到了卫灵公一位名叫南子的夫人的接见，惹得弟子子路老大不高兴。某日，卫灵公跟南子出行，居然让宦官雍渠同车，而让孔子坐在第二辆车上。车队招摇过市，孔子说了句："我没有见过喜欢美德如喜欢美色的人！"引为羞耻，再一次离开了卫国。

离开卫国后，经过曹国，去了宋国。在宋国，差一点被人杀死。又去了郑国，在那里被人比喻成"丧家之狗"。对此比喻，孔子欣然接受。离开郑国后，孔子到陈国住了三年。当时晋楚争强，陈国夹在中间，经常成为它们的讨伐对象，吴国又举兵侵犯陈国。孔子便离开了陈国，准备回到鲁国。

经过蒲国时，赶上公叔氏闹叛乱。弟子公良孺带着五辆私家马车，奋勇杀出一条通路，孔子师徒得以安然离开蒲国。

离开蒲国后，孔子第三次来到卫国。这一次，孔子师徒受到了有心讨伐蒲国的卫灵公的欢迎。当然，最终卫灵公也没有真的进攻蒲国。此时卫灵公已经年老，懈怠政务，仍然没有任用孔子。孔子感慨道："如果有任用我的，一年便可以开始实施我的政教主张，三年就能取得成效。"说完，又离开了卫国。

离开卫国的孔子，原本准备西行去晋国见赵简子。到黄河边时，得知晋国两位贤明的大夫窦鸣犊、舜华被赵简子杀死了，于是原路折回，在陬乡歇息之后，回到卫国。

有一天，卫灵公向孔子请教如何用兵布阵，孔子答以“俎豆之事则尝闻之，军旅之事未之学也”，等于拒绝回答。第二天，在跟孔子谈话时，天空中有大雁飞过，卫灵公仰头去看，兴趣似乎不在孔子身上。孔子于是又离开卫国，到了陈国。

同年秋天，鲁国执政者季桓子临终嘱咐儿子季康子，继位做了执政者，一定要征召孔子。季康子执政后，原本是想征召孔子的，但因为有人劝阻，改变主意，派使者前去征召孔子弟子冉求。孔子知道，冉求将要得到鲁国重用，一度也起了思归之心。

冉求离去之后，孔子带着一班弟子离开陈国，先后辗转于蔡、叶之间数年。在陈蔡交界处，一班嫉恨孔子的陈蔡大夫，派兵将孔子师徒围困在荒郊野外。孔子师徒粮尽人病，几乎陷入绝境。最后，弟子子贡到楚国斡旋。楚昭王出兵迎接孔子，孔子师徒才得以脱离险境。

楚昭王有意给孔子大片封地，但遭到了令尹的反对。楚昭王死后，孔子离开楚国，返回卫国。卫国卿大夫孔文子准备攻打太叔（名疾），向孔子请教计策。孔子决定离开卫国。孔文子恳请孔子留下，正好鲁国执政者季康子派人送了大量钱财迎接孔子，孔子于是回到了鲁国。

结束十四年的列国周游，最终回到鲁国的孔子，虽然受到了鲁哀公和季康子的尊敬，但终于没有得到任命。已经六十多岁的孔子，也从此不再追求仕进，转而把全部精力投入到了整理文史典籍和收徒教学上。

纵观孔子一生，基本都是在路上，在不停地离开。“急急如漏网之鱼，忙忙如丧家之狗”，是对孔子师徒周游列国情形的真实描写。我认为，“急急”“忙忙”两个词语，很好地揭示出了孔子周游列国失败的教训：他老先生若是有耐心一点儿，更坚韧一些，肯采用一下迂回策略，而不是那样一言不合、一眼不顺、一事不成，就拍屁股走人，是完全可能取得成功的。常言道：心急吃不得热豆腐。

面对孔子那样频繁地跳槽，换地方，缺乏耐心和韧性的人才，今天的HR

负责者们，估计也会敬而远之的！都说“树挪死，人挪活”，孔子也未免挪得太频繁了。圣人的价值，不只是正面榜样，也可以是反面教材。

## 孔子骂人

圣人也是人，也有喜怒哀乐，遇到生气的事、讨厌的人也会破口大骂的。《论语》一书中就记载了一些孔子骂人的词语，这里略作介绍。

孔子骂得最多的一个词语是：小人。“小人”这个词，在孔子口中并非全是骂人的话，多数情况用于指社会地位低下的百姓。但是，有一些话中，“小人”一词明显带有贬义色彩，是行为卑下的意思，不妨看作孔子是在那里骂人。例如“小人长戚戚”（《述而》），“君子成人之美，不成人之恶，小人反是”（《颜渊》），“色厉而内荏，譬诸小人，其犹穿窬之盗也”（《阳货》），“小人之过也必文”《子张》）。

孔子最有名的骂人词语是在一次骂学生时脱口而出的，那便是“朽木、粪土之墙”。一天，孔子看见弟子宰我（予）大白天在睡觉，没有用功学习，于是大骂他是“朽木不可雕也，粪土之墙不可杇也”，甚至认为宰我都已经废物到了不值得他老人家责骂的程度（《公冶长》）。宰我是孔子高足，孔子骂他，实际上是对他寄予厚望。《论语·先进》列举孔子弟子德行、言语、政事、文学四方面的杰出弟子名单，宰我与子贡是言语类杰出弟子，也就是说他擅长辞令。这两个词语因为形象性强，遂成千古名骂。

孔子也骂当时的执政者。孔子骂执政者的词语有两个：“小器”和“斗筲之人”。

孔子曾骂齐国名相管仲“小器”。这“小器”的意思是气量狭小。孔子因为管仲不节约来自百姓的赋税、家里跟国君招待外国君主似的堂上也放置着酒杯（这是僭越），于是大骂道：“管仲之器小哉！”（《八佾》）这一次孔子可能是真生气了，因为，我们知道，孔子平时对管仲的评价是不错的。有一次子贡问管仲是否不能算仁者，因为他的君主（公子纠）被杀死时没能殉身，而且还投降仇人（齐桓公）做了宰相。孔子就慷慨激昂肥赞了一番管仲，说管仲做了齐国的宰相，使得齐国成为诸侯霸主，安定天下局面，百姓得到庇护。

还说如果没有管仲，自己早已沦为落后民族了。他认为，管仲没有必要像一个普通百姓那样谨守小节小信（《宪问》）。

一次子贡问什么样的人才可以称为“士”，孔子回答说有三类人可以称为士，最后子贡问当时那些执政的人算不算士，孔子就感叹说：“噫！斗筲之人，何足算也？”（《子路》）斗筲，原意是量具，这里借指度量、见识狭小。孔子认为，执政的那帮家伙都不能算士。

孔子也骂身边的不成器朋友，骂做人缺少是非原则观念的人。《论语》中孔子两次用“贼”字骂人。一次是他的老朋友原壤两腿张开像八字，坐在地上等待孔子到来。孔子一见原壤那幅德行，勃然大怒，骂他“幼而不孙弟，长而无述焉，老而不死，是为贼。”最后还拿拐杖敲打原壤的小腿（《宪问》）。小的时候不懂礼节，长大了毫无贡献，老了的时候还白吃饭，一辈子都是害人的东西。“老而不死”，的确是惹人憎恶之事。还有一次，孔子不知道受了什么刺激，突然发出“乡愿，德之贼也”的感慨（《阳货》）。所谓乡原，就是没有是非没有原则的好好先生。

看孔子骂人，我有两点感想：一是，圣人也是可以破口大骂的。不久前我写文章骂了网络粪青，于是有高人出来批评我，说什么身为教师的我不该出口骂人，更不该用“粪”字骂人。他们不知道，孔圣人、人民教师的鼻祖都是要骂人的，而且早就在那里用“粪”字骂人了。孔子说：“唯仁人能好人，能恶人”（《里仁》）。看来，骂人也是仁者的一种品德。二是，年长者也是可以骂的。最近有“国学大师”被人骂，而且骂得很难听，比如“青蛙”之类。于是有人出来主持公道，说不应该对长者施加谩骂，说尊敬老人、长者是我华夏优良文化传统云云。这些打着传统文化旗号的人不知道，孔子也曾经骂过老者、长者，用的还是“老而不死”这样的话。假如有人真的是为老不尊且有好好先生的特点，孔子活着，也一定会大骂其为贼的。这个贼字，翻译成现代汉语，那就是“害人精”啊（杨伯峻先生就是这样翻译的）！

## 孔子瞧不起劳动人民吗？

有人认为，孔子瞧不起劳动人民。证据有：孔子说过“君子不器”的话，不支持樊迟学习种庄稼侍弄菜园等。观点和证据，都很牵强。

君子不器，意思是，君子不应该像器具那样只有某种特定的用途，而应该是“无所不施”，“体无不具”“用无不周”。这跟瞧得起瞧不起劳动人民，没有任何关系。如果说，器是指劳动人民，那么，孔子高足子贡也是劳动人民。因为，孔子曾经说他是一种名叫瑚琏的器，祭祀时用的容器，算是一种比较尊贵的器皿。

樊迟心血来潮，想要学习种庄稼，孔子说自己不如农民；樊迟又说想要学习种菜，孔子说自己不如菜农；樊迟走后，孔子生气地说，樊迟是“小人”。孔子说的都是大实话，农民、菜农地位低下也是当时事实，并没有瞧不起劳动人民的意思。

事实上，孔子不但没有瞧不起劳动人民，反而是非常尊重劳动人民的。他虽然不像孟子那样说出“民为贵，君为轻”的话，但他显然已经有这个意思了。

首先，孔子很关心、爱护劳动人民。请看：

“道千乘之国：敬事而信，节用而爱人，使民以时。”（《学而》）

厩焚。子退朝，曰：“伤人乎？”不问马。（《乡党》）——马厩养马人，应该是劳动人民吧？

其次，孔子评论人，重视仁义道德高下，不管财富多少，地位尊卑。请看：

子贡曰：“贫而无谄，富而无骄，何如？”子曰：“可也。未若贫而乐，富而好礼者也。”（《学而》）

子曰：“贤哉，回也！一箪食，一瓢饮，在陋巷。人不堪其忧，回也不改其乐。贤哉，回也！”（《雍也》）

子曰：“饭疏食饮水，曲肱而枕之，乐亦在其中矣。不义而富且贵，于我如浮云。”（《述而》）

再次，孔子曾表示自己出身劳动人民，也愿意做劳动人民。请看：

“……吾少也贱，故多能鄙事。君子多乎哉，不多也！”（《子罕》）

子曰：“富而可求也，虽执鞭之士，吾亦为之；如不可求，从吾所好。”（《述而》）

再次，孔子认为隐居民间的，都是一等高人。请看：

子路得到荷蓧丈人的热情款待后，孔子知道他是隐者，为表敬意，他“使子路反见之”。（《微子》）

逸民：伯夷、叔齐、虞仲、夷逸、朱张、柳下惠、少连。子曰：“不降其志，不辱其身，伯夷、叔齐与！”（《微子》）

再次，孔子告诫执政、在位者，应该尊重劳动人民。请看：

仲弓问仁。子曰：“出门如见大宾，使民如承大祭……”（《颜渊》）

最后，孔子衡量圣贤，最主要的标准是，劳动人民是否满意，是否得到了劳动人民的称颂。请看：

子谓子产，“有君子之道四焉：其行己也恭，其事上也敬，其养民也惠，其使民也义。”（《公冶长》）

子贡曰：“如有博施于民而能济众，何如？可谓仁乎？”子曰：“何事于仁，必也圣乎！尧舜其犹病诸！……”（《雍也》）

子曰：“大哉，尧之为君也！巍巍乎！唯天为大，唯尧则之。荡荡乎！民无能名焉。巍巍乎！其有成功也；焕乎，其有文章！”

（《泰伯》）

尧曰：“……兴灭国，继绝世，举逸民，天下之民归心焉。所重：民、食、丧、祭。（《尧曰》）

孔子当然也说过一些批评劳动人民的话，比如，“民可使由之，不可使知之”（《泰伯》）。孔子之所以说这种话，并非因为他瞧不起劳动人民，而是因为：一、现实中，劳动人民的某些表现的确令孔子感到失望了；二、孔子因为关心劳动人民，总希望他们能够更好地生活。这有点像鲁迅的“哀其不幸，怒其不争”。

## 孔子是“无肉不欢”之人

向来被国人奉为圣人的孔子，其实也有他相当凡俗的一面。例如，他喜欢吃肉。孔子不是一般意义上的喜欢吃肉，他已经达到了“无肉不欢”的境界。

“孔子是‘无肉不欢’之人”。这不是我说的，而是《论语》说的。研究孔子，没有什么文献资料能比《论语》更加可信，更加权威的了。《论语》中关于孔子“无肉不欢”的证据，可以分为两类，一类是直接证据，一类是间接证据。直接证据是：

《乡党》：“食不厌精，脍不厌细。食饐而餲，鱼馁而肉败，不食。色恶不食，臭恶不食。失饪不食，不时不食。割不正，不食。不得其酱，不食。肉虽多，不使胜食气。惟酒无量，不及乱。沽酒市脯不食。不撤姜食。祭于公，不宿肉。祭肉不出三日，出三日不食之矣。”

这一大段，可以说是孔子的吃肉理论大纲。不是无肉不欢之人，不可能如此不厌其烦地谈论吃肉问题。从这里也可以看出，孔子所吃之肉，是包括牛羊猪之类家畜之肉和鱼虾之类水产之肉的，即水陆两吃。后来亚圣孟子的名言“鱼我所欲也，熊掌亦我所欲也”，思想趣味都跟他的偶像孔子没有两样。

间接证据很多，如：

《述而》：“自行束脩以上，吾未尝无诲焉。”只要拿出十条肉干以上，他就愿意收其为徒。孔子说这句话，是为了表明自己的民办学校学费低廉。肉干只是一种比喻。但是，从他拿肉干打比喻这一点，我们不难得出他喜欢吃肉的推论。素食者是不可能拿肉打比喻的。

《述而》：“子在齐闻《韶》，三月不知肉味……”。字面意思是说，孔子喜欢一首名叫《韶》的乐曲。但是，为了说明他老人家喜欢一首曲子，拿肉味垫底、做陪衬，实际上正可以说明肉味对于他老人家的重要性。比如，一个酒鬼说：“有这样的好书看，我简直可以三个月不喝酒！”只有傻瓜才相信，这酒鬼真的可以三个月不喝酒。

《乡党》：“朋友之馈，虽车马，非祭肉，不拜。”朋友馈赠孔子礼物。即使是贵重的车马。他都不作揖行大礼，但是，倘若有人馈赠他祭祀用过的冷猪头肉，他一定会行大礼以示感谢。表面上似乎是说，孔子这样做是为了表示对馈赠者先人的尊重。但是，谁能肯定，这其中没有孔子喜欢吃猪头肉这一原因呢?

《乡党》：“有盛馔，必变色而作。”有人宴请孔子，倘若准备了丰盛的菜肴，孔子就会改变神色站立起来。为什么？因为宴席之上有鱼有肉，可以让孔子大快朵颐。“变色”者也，无肉不欢之徒见了鱼肉眼睛放光之谓也。

《阳货》：“阳货欲见孔子，孔子不见，归孔子豚。”很可能是身为鲁国大臣的阳货先生，为了邀请孔子出山，想见孔子一面，赠送的礼物是一头蒸乳猪。按照当时礼节，无论是否接受阳货的礼物，孔子都应该亲自登门，表示感谢。阳货赠送孔子蒸乳猪，肯定是投其所好之举。可惜的是，孔子这个时候不想做官，不愿意领他的情，于是想趁阳货不在家的时候，悄悄将蒸乳猪送回去。当然，孔子的运气不太好，送还蒸乳猪的路上，遭遇了阳货。结果，被阳货的一句话打动，孔子改变初衷，答应出去做官。

总共只有一万多字的《论语》中，就有这么多证据，何须我再置一词！

此外，孔子给儿子取名“鲤”，取字“伯鱼”。直接原因固然是他儿子出生那一天，他得到了鲁国国君或者他打工的贵族几条鲤鱼的赏赐，孔子要表示感恩。但是，也可以据此推测，鲤鱼是孔子爱吃的东西。

根据以往经验，我知道，看到这里，一定会有人骂我无聊。文明一点的，会说“你研究这个有什么用”，不文明一点的会说“吃饱了撑的，研究这个有屁用”。我此刻有些耐心，要告诉这些朋友，研究这些，还是有点用处的：可以帮助理解孔子其他一些话语，有助于读懂《论语》。比如——

《学而》：“子曰：‘君子食无求饱，居无求安……’”。《里仁》：“子曰：‘士志于道而耻于恶衣恶食者，未足与议也。’”知道了孔子是无肉不欢之人后，我们就能明白，即使是圣人，为了教育学生，教育百姓，也会采用双重标准：自己吃肉喝酒，吃香喝辣，同时却勉励他人要不怕吃苦，不怕吃素，不怕吃不饱。

《雍也》：“子曰：‘贤哉回也！一箪食、一瓢饮，在陋巷，人不堪其忧，回也不改其乐。贤哉回也！’”孔子之所以一再由衷地赞美他的弟子颜回，那是因为，颜回可以怡然自得地生活在贫民区，可以不吃肉，而孔子自己无论如何也做不到。

《述而》：“子曰：‘饭疏食饮水，曲肱而枕之，乐亦在其中矣。不义而富且贵，于我如浮云。’”这样的话，我们基本上都应该理解为是孔子在那里发牢骚，说气话，而不能拘泥于字面意思。

# 五、孔子的魅力

## 孔子凭什么名垂千古?

对于孔子及其创立的儒家学派的思想与价值，人们尽可以见仁见智，有各自不同的看法和评判。但是，说孔子是中国乃至全世界最著名的历史文化人物之一，恐怕不会有什么异议。国外有个著名的“历史上最有影响力的人物”排行榜，孔子位居第四位，位于耶稣、牛顿、默罕默德之后，释迦牟尼、爱因斯坦、马克思等之前。具体排列顺序，可能见仁见智。但是，孔子名列其中甚至前茅，赞同的一定不在少数。

那么，孔子究竟凭什么成为国际级历史人物的呢?

我国古代有一种说法，一个人要想成为名垂青史的人物，有三条渠道，依次是：立德，立功，立言。简单地说，就是：道德修养特别高尚，受到世人的敬仰，成为时代、世代的楷模；在政治、军事、经济、文化等方面，做出卓越成就，惠及家国民众；使用语言文字，创作出脍炙人口、流传千古、影响深远的作品，包括文艺、学术、科技等类别的作品。此所谓“三不朽”。

比照“三不朽”标准，我们会发现，孔子其实哪一条也不太符合。先说立德，孔子虽然说过很多漂亮话，“仁义”“忠恕”“孝悌”“爱人”“己所不欲勿施于人”“己欲立而立人”“君子固穷”，等等。但是，付诸实施的似乎并不多。实际上，孔子身上瑕疵不少。他骂人很难听（最有名的是骂一个叫宰我的学生“朽木”“粪土”），还杀过人（有齐国一批演员，鲁国大夫少正卯）；学生们身处险境时，不去积极想办法解决，却在那里弹琴唱歌（所谓弦歌不绝），自得其乐；对马屁精学生颜回赞不绝口、时刻回护，对敢于批评自己的学生子贡、子路等人，尽管他们也是光大孔门、有益诸侯的干才，但还是时加贬斥，毫不留情。再说立功，孔子做过几年鲁国执政大臣的管家，也做过几年鲁国的大夫，干过几件算得漂亮的事情。但是，时间不长，他的大部分时间都在流浪，教书。同时，在礼崩乐坏的春秋时期，鲁国不过是偏居一隅的弱小诸侯国，孔子几年的努力工作，影响不大，受惠的人不多。总之，孔子的功劳，相当有限。最后说立言。没错，孔子是吃开口饭的，他说过不少话，也编写过一些著作。但是，《论语》里边的那些“子曰”，多是口水，既无体系，亦乏深度。他的写作，用他自己的话说，多是“述而不作”，缺乏创新，编著而已。被当作孔子代表作并成为儒家经典的《春秋》，字数实在太少，且毫无文采，意思也没有说明白——当然，因此被后人吹捧为“微言大义”。孔子不像老子、庄子、孟子，都有明确属于自己的、体系完整的专著。可见，立言方面，孔子做得也并不出色。

我认为，孔子之所以成为国际级历史文化人物，主要有如下六个方面的原因：

首先是，日常道理，通俗易懂。有人把孔子开创的儒家学派的思想方法归纳为“实践理性”，即把理性引导贯彻在日常现实世间生活、伦理情感和政治观念中，而不作抽象的玄思（李泽厚《美的历程》）。诚哉斯言！孔子其实没有讲出什么高深的道理，他所说的话，没有几个专业术语，没有什么逻辑性，没有多少专业知识。常识，加上语言浅显、生动，这是《论语》令人百读不厌的奥秘所在，是孔子言行广为人知的奥秘所在，也是孔子令人感到可爱可敬的奥秘所在。

其次是，开门办学，学生众多。孔子所处的春秋时期及其死后的两千多年，通讯技术一直很落后，信息传递基本靠腿走、口说、手写。因此，师生传承是非常重要的信息传播渠道。不像今天，网络时代，开个博客、微博，不经意间写篇文章、发条信息，就可能不胫而走，粉丝无数，天下皆知。孔子一生，因为绝大部分时间都在收徒教书，“弟子盖三千焉，身通六艺者七十有二人”（《史记·孔子世家》）。这些弟子，尤其是其中日后有出息或继续从事教学活动的弟子，如子贡和曾参，就是孔子名声最好的传播者、宣传员。换句

话说，孔子拥有一支非常强大的宣传队伍。

再次是，生活内容，生动有趣。人类都有听故事、看戏剧的爱好，都有偏爱听、看贴近现实生活的故事和戏剧的特点，对神龙见首不见尾的事物都怀有浓厚的好奇心，对长篇大论都抱有敬而远之的态度，对似是而非的格言锦句都有传抄引用阐释一番的习惯……孔子及其弟子是中国历史上最早懂得这类道理并加以充分利用的群体（自称是孔子私淑弟子的孟子不太懂这些道理，写起文章来滔滔不绝，令人生厌）。区区一万多字的《论语》里，有吃喝，有游玩，有男女，有绯闻，有格言锦句。谁能不喜欢读这样的书？谁能不喜欢过那样的生活？谁能不喜欢上那样的师生群体？孔子集团，是一个很有趣的集团，有点像走村串巷的民间艺人组织。

再次是，周游列国，经历坎坷。嫉妒之心，人皆有之；红眼之病，人皆患之。倘若孔子一生，心想事成，在鲁国获得宰相之位，成为季孙氏、叔孙氏那样的执政者；到齐国之后，受到齐景公的礼遇和重用，取代晏婴成为宰相，辅助齐景公“九合诸侯，一匡天下”。我敢肯定，他充其量也就是晏婴那样的人物，一代名相而已。生前过得很富足，羡慕的人很多，但是死后景仰的人寥寥。“万世师表”、祠庙遍地、家族绵延两千年香火不绝、成为国际级历史文化人物，那是没有可能的。唐代大诗人李白有诗句云“古来圣贤皆寂寞”，其实，生前寂寞是圣贤日后成名必须付出的代价。孔子生前周游列国十余年，四处碰壁，“累累如丧家之狗”，就是他日后绕开人皆有之的嫉妒心而成为圣人的代价。

再次是，史家讲述，广而告之。酒香也怕巷子深。孔子毕竟是两千多年前的人物，在那个图书出版、保存、流传都极为不易的时代，所有的故事都可能湮灭在历史的长河中，归于寂灭。当年享有盛名的杨朱，就是一个例子。一切人物，要想不寂灭，都端赖于史家的记载，广而告之。孔子是幸运的，有《孔子家语》、《史记》（包括《孔子世家》《仲尼弟子列传》）等著作，记载了他的许多故事。这其中，司马迁的《孔子世家》，厥功至伟。

最后也最重要的是，持之以恒，终生追求。我读《论语》，孔子的许多漂亮话，都如浮云散去。但是，有两句话，令我感动：一句是“朝闻道，夕死可矣”（《里仁》）；另一句是“其为人也，发愤忘食，乐以忘忧，不知老之将至云尔”（《述而》）。我认为，这两句话，是孔子精神的精髓所在。有了这两句话，孔子就足以成为中华民族乃至全人类的励志榜样。孔子的伟大，不在于他是一个絮絮叨叨的说教者，而在于他是一个实实在在的人生榜样。

## 孔子是彩色的

有人说，孔子是没有色彩的，他只有温度。这当然没有什么可争论的，因为这是个人观点，自有它独特的来由。庄子寓言发问“天之苍苍其正色耶”，谁有资格给出标准答案？色盲严重的人看到的是黑白色的世界，他人何必费事加以纠正呢？

但是，正如他人可以表达自己的观点一样，我也有表达自己观点的权利。在我看来，圣人孔子不但有色彩，而且还是色彩缤纷的一个人。因为：

孔子是一个有善恶是非观念的人。《论语》所记载孔子的话中，“善”与“不善”相对，“君子”与“小人”相对，都反复十几次乃至数十次地出现。“择其善者而从之，择其不善者而改之”，“见善如不及，见不善如探汤”，“君子喻于义，小人喻于利”，“君子固穷，小人穷斯滥矣”，不胜枚举。这足以说明，孔子的道德世界是一分为二的，孔子是一个善恶、是非观念十分强烈的人。

孔子是一个不太隐藏自己喜怒哀乐的人。孔子虽然贵为圣人，但是从《论语》中看，他绝不是一个能够做到喜怒不形于色的人。相反，他似乎很喜欢直接了当地表现出自己的喜怒哀乐。饮酒但是不至于大醉到乱来的地步，有空时节玩玩博弈游戏，这是孔子喜欢的事情；经常温习学过的书本知识，有久未谋面的远方朋友（孔子本意指弟子）来拜访他，这都是孔子的快乐时刻；女子与小人亲近不得也疏远不得难以伺候，高足弟子竟然白天不认真念书学习却跑去睡大觉，弟子帮助有钱的人抢钱，却不去帮助贫穷的人脱贫，孔子会发怒，会破口大骂；最得意的弟子英年夭折，孔子会悲痛不已，对着苍天连声呼喊自己再也活不下去了。

孔子是一个有七情六欲的人。孔子一生究竟有过几个女人，我们不知道；孔子跟卫灵公名声欠佳的夫人南子单独见面，是否有过暧昧苟且之事，谁也无法证明。但是，我们可以肯定，孔子少年时期没有练过童子功（孔子属于早婚早育一族），中老年之后也并未看破红尘遁入空门——那时候佛教还没有传入中国，道教也没有形成宗教；孔子是结过婚，生育过孩子的；孔子喜欢观看美丽的景色，喜欢登山临水，喜欢饮酒；孔子在饮食、衣着方面都相当讲究，决不是一个狼吞虎咽、不修边幅的人；凡上种种，都说明孔子跟我等凡人一样，七情六欲一项也不能少。

孔子是一个兴趣广泛的人。孔子小时候因为出身贫寒，青少年时代混迹底层社会，啸傲江湖，吹拉弹唱，无所不能，婚丧嫁娶，无会不预，三教九流，无不交接；中年做官，应酬场面必定少不了；后来开门办学，有教无类，前后招收过三千弟子；为了谋求发展，实现人生理想，带着几位优秀学生，周游列国十多年。做过这么多事情的人，没有两把刷子，没有广泛的爱好，是绝无可能的。《论语》等文献也明确记载，孔子会骑马，会射箭，会武术，会博弈，会说笑话，孔子喜欢听音乐，喜欢唱歌，喜欢吃肉，喜欢春夏之交到沂水河里游泳，喜欢做有周公出现的美梦，孔子研究历史，研究《诗经》，研究《周易》，研究烹饪，研究服饰，研究礼仪……孔子的兴趣，难以列举。

孔子是一个有理想有追求的人。孔子一生，穷过，苦过，也风光过，但风光的日子并不长久，总的来说，是充满坎坷挫折的。至少，他的政治理想就完全没能实现。但是，他七十三岁的人生，我们看到的是他不懈的追求，尽管曾经在异国他乡漂泊之时，落魄得活像丧家狗，他始终都没有放弃积极入世的人生观。为了追求真理，他不在乎饿肚子，不惜付出整个生命——“朝闻道夕死可矣”；为了理想，他甘愿蒙受隐士的嘲笑，容忍狂人的傲慢，他明知前途渺茫，却死马当活马医，知其不可为而为之。

词典上说，“色彩”一词除了“颜色”一项意思以外，还有“比喻人的某种思想倾向或事物的某种情调”。从上边的叙述可以看到，孔子是有着鲜明的思想倾向，有着丰富多彩的生活情调的人。因此，我认为，孔子是一个色彩缤纷的人。

## 孔子也是表情包

《论语》一书，没有系统的知识，没有曲折的情节，没有华丽的语言。说句不好听的，它就是一大篇断烂朝报。但是，不得不承认，阅读《论语》是一种愉快的体验。其中一个重要的原因：孔子是一个有趣的人。

孔子有趣的事迹不少，单是神情举止方面，借用一下今天流行的一个词语，孔子堪称表情包。

《论语》中的孔子，或者说部分孔门弟子眼里的孔夫子，完全不同于各地孔庙中泥塑木雕、一脸庄严的至圣先师相，他是一个喜怒哀乐皆形于色的人，他的表情会因面对不同的人、遇到不同的事，而展示出不同的颜色——真是五颜六色。

先说喜。

按照孔子自己的说法，有两件事情，是令他非常开心的：一件是“学而时习之”，一件是“有朋自远方来”。这两件事，究竟所指为何，历来众说纷纭。经过一番认真深入的研究与探讨，我认为，学而时习之的意思是：学习并及时地加以了解、掌握、领悟；有朋自远方来的意思是：有优秀的青年从远方来投到自己门下拜自己为师。这两件事情，是世上所有学习者、研究者和教学者都认同的快乐。一句“不亦乐乎”，我们可以感受到两千五百年前孔子内心的喜悦。

孔子的喜悦之情，在得到颜回这个弟子后，表现得最为充分。

颜回能住在最简陋的胡同里、吃着最简单的食物（一箪食，一瓢饮），照样快乐地生活，孔子喜悦；

颜回对自己的一切说教从不提出反对意见，好像是愚蠢的样子，但是，回去之后想一想，总能有所发明，其实并不愚蠢，孔子喜悦；

众多弟子中，只有颜回能够像自己一样，有机会做事时能把事情做好，没有机会做事就默默地过自己的日子，孔子也喜悦。

总而言之，颜回的所有表现，都令孔子满意，时时由衷地感到喜悦。

当然，颜回有一件事是彻底让孔子感到失望甚至绝望的，那便是他的早

死。这真是，人间正道是沧桑，喜悦满时有悲伤。

再说怒。

春秋时代，周王室衰微，诸侯并起，征战、杀戮之声不绝于耳；礼崩乐坏，人情淡薄，丑态百出。总之，令孔子伤肝动怒的事情太多，太多了。

遇到那些花言巧语、谄媚奴颜、居心险恶的小人，孔子愤怒；

执政大夫季氏，身为诸侯国大夫，却僭礼使用天子乐舞，孔子愤怒；

寄予厚望的弟子宰予言行不一，大白天睡觉，不去用功念书，孔子愤怒；

君主气量窄小，不能体恤臣属百姓，不遵守丧葬礼制，孔子愤怒；

有些弟子学习上不能善始善终，总是半途而废，孔子愤怒；

老朋友少时不懂得孝顺父母敬爱兄弟，长大后没有出息，年纪老大不肯死去，孔子愤怒；

没有是非观念的好好先生，成事不足败事有余，孔子愤怒；

紫色比朱红还受欢迎，靡靡之音代替了高雅音乐，能言善辩之人颠倒黑白，颠覆邦国，孔子愤怒；

执政的君臣，接受邻国馈赠的女子乐队，沉湎女色，荒废朝政，孔子愤怒；

孔子病危，弟子僭越礼制，成立超规格的"治丧委员会"，孔子愤怒；

孔子的一生，简直可以说是愤怒的一生；如果能少一些愤怒，他也许还能多活一些年头。即使活不过彭祖，也活不过尧帝，至少也要跟亚圣孟轲差不多。

再说悲哀。

末代乱世，家国社会百孔千疮，病入膏肓。自己又得不到机会，施展才能，挽狂澜于既倒。孔子只有满心的悲哀，无从告诉。

一贯不入法眼的夷狄外邦，尚且有能发号施令的国君，堂堂华夏却四分五裂，天子号令无人听从，孔子感到悲哀；

治国者都不能以礼让治国，礼也没有用处了，孔子感到悲哀；

人人皆可行仁道，但是，没有人喜欢此道，没有人肯花一天的时间和力量行仁道之事。也许有真正喜欢仁道的人，但孔子没有遇见过，孔子感到悲哀；

有人问起弟子中谁最爱学习，想起短命的颜回，想起门下再也没有那么好学的弟子，孔子感到悲哀；

世上的人，稍有点姿色、资本，不是骄傲，就是吝啬，没有一个像周公那样的完人，孔子感到悲哀；

世上的人，对美色趋之若鹜，对美德弃如敝屣，孔子感到悲哀。

所有的悲哀，都源自一个更大的悲哀：生逢末世，无可作为。

再说乐。

孔子是个会苦中作乐的人。“多能鄙事”的孔子，当然有许多作乐的方法。但是，可能是性情的缘故，也可能跟思想观念有关，音乐成为孔子最重要的快乐方式，没有之一。

碰到会唱歌的人，如果觉得人家唱得好，一定让人家先唱几遍，然后自己再跟着和；

鲁国宫廷乐团首席乐师挚的演奏，是孔子爱听的，尤其是演奏《诗三百·关雎》篇的时候，“洋洋乎！盈耳哉。”满耳朵都是令人陶醉的音乐，这大概是孔子晚年结束周游回到鲁国后的最大听觉享受吧。

当然，最令孔子激动、难忘的一次听乐经历是早年在齐国，听到舜时的宫廷音乐《韶》。有多快乐？孔子说，听完之后，三个月里一直沉浸在美好的乐曲旋律中，吃肉都感觉不到香味！他说：“不图为乐之至于斯也！”勉强翻译成现代汉语，大致是：绝对想不到音乐会有这种效果！

这就不难理解，在陈蔡之间遭到围困，绝粮七日，师徒一伙人，生命危在旦夕之际，而孔子为何仍然弦歌不绝了。

再说愁。

有句俗话，叫：莫道世上无愁事，风来浪也白头。孔子虽然贵为圣人，但也不能免这个俗。事实上，正因为他是圣人，愁事才格外地多。

自己的学说，明明指出了世人唯一可走的路，但是无人理会，孔子愁；

年纪大了，不再能梦见自己思想的源泉——周公，说明实现理想，可能此生无望了，孔子愁；

祥瑞神鸟凤凰没有出现，黄河也没有出现图书，这辈子可能就无所成就

了，孔子愁；

看见流水日夜不息，联想起一切都会像流水一样，一去不复返，自己的志向理想终将化为泡影，孔子愁；

想起自己东奔西走，辛辛苦苦一辈子，很可能连姓名都将湮灭无闻，孔子愁；

孔子若晚生于宋代词人贺铸，一定也会引用他的名句“试问闲愁都几许，一川烟草，满城风絮，梅子黄时雨”，以表达郁闷之情。

最后说一下逗。

用“逗逼”这个词形容孔夫子，不免失敬。而实际上，孔子是挺（会）逗的一个人。至少，他严重有别于只会正襟危坐的老学究。

子夏问孝，孔子不是给予直接正面的解答，而是反问道：“……父母需要照顾的时候，让弟子代劳，有了好酒好菜，让父母先吃先喝，这样就算是尽孝了吗？”孔子有点逗吧？

为了说明一个人是无法隐藏什么的，孔子说：“看他结交的都是些什么样的人，看他为了达到某个目的都采取些什么办法，看什么事情能够让他感到安心。这种情况下，这个人怎么能够隐藏得住，这个人怎么能够隐藏得住呢？”孔子有点逗吧？

孔子说：“如果我的学说真的行不通，我就扎个木筏漂到海外去……”，孔子逗吧？

在卫国，孔子跟卫灵公的宠妃南子见了个面。弟子子路不高兴了，孔子便赌咒发誓，说了大意如下的话：遭遇如此坎坷，是天意不喜欢我的学说，天意不喜欢我的学说啊！我实在是没有别的办法了，这才出此下策。或许，南子小姐能帮上点儿忙呢。孔子逗吧？

见孔子无心出仕，弟子子贡打了个比方：有一块美玉，是做个匣子把它藏起来呢，还是找个好买主卖了它呢？孔子马上说：“卖了它，卖了它。我要等个好价钱把自己给卖出去！”孔子逗吧？

当初，晋国大夫赵简之的私邑长官佛肸聘请孔子，孔子差点就去赴任了。佛肸因为叛乱失败后，子路引用孔子自己说过的话，说明孔子当初就不该动心。孔子听后，说：“有这个说法。但是，没听说过真正坚固的东西是不会磨损的，真正洁白的东西是不会染黑的道理吗？难道我是个苦味匏瓜，可以挂起来，中看却不能吃的东西吗？”孔子逗吧？

## 孔子为什么可爱？

一般人崇拜孔子，崇拜那个端坐在文庙祭台上的泥胎塑像；熟读过《论语》的人，却没有一个是崇拜孔子的，他们对于孔子的态度都由崇拜转变而为：喜爱。因为，《论语》中的孔子实在是一个令人喜爱的老人家。

这个老人家，他有原则，却也通情达理；他有思想，却并非高深莫测；他有学问，却从不气势凌人。他是个性情的人，高兴时会弹琴唱歌，伤心处也会哭泣流泪；他是个有追求的人，为了推行自己的治国理论，他东奔西走，不知疲倦，不知老之将至；他有高远的理想，同时也不缺乏对于日常生活细节的讲究；他做事认真，却也会游玩会休息会开玩笑……一句话，孔子是一个可亲可敬可接近的人。

一般人读《论语》，可能都会有一个变化的过程。年轻的时候，会把它当作指点人生迷津的箴言集，对那些简短的格言式句子怀有浓厚的兴趣，反复揣摩，不断回味，拍案叫绝。等到年龄有一把、阅历有一把的时候，再来读它，对那些格言式句子就不复有当年的热情，而会把《论语》当做孔子及其若干弟子的人生故事来读，把那些纸上的圣贤都看作跟自己一样的活生生的人，对照自己的人生感受，品味他们的喜怒哀乐。

《论语》塑造的是群像：颜回的好学深思，子路的率真勇敢，子贡的尊师练达，曾皙的从容超逸，即使是性格面目不清楚，只是被孔子骂过一回的宰予、樊迟，都能给人留下深刻的印象，经久不忘。当然，这些形象中，最为成功、最为丰富也最能感动人的还是他们的老师——孔子。

毫无疑问，无论是在他生活的那个年代，还是在他死后直至今天，孔子的身份，首先是一位文化名人。但是，他又不是一个学究式的文化名人。他因为生于贫贱，做过许多事情，所以“多能鄙事”，吹拉弹唱，无所不通；他虽然宣扬礼仪、极力反对暴力，但他本人是武士之后，身材高大，孔武有力；他做过官，为了兜售自己的政治学理论，他两度领着一帮学生周游列国，一走就

是几年、十余年；他早年就开始创办私人学校，开门办学，广收弟子，“三盈三虚”，也有过波折；他研究古代文献，领域涉及政治制度、历史、文学、音乐等。这么一位涉猎广泛、阅历丰富的文化名人，若是用常见的文学作品形式去刻画，去描写，一定会是洋洋洒洒的一部大著作。但是，孔门弟子毕竟与众不同，他们竟然只用一两万字的篇幅，以记录孔子片言只语的轻巧无比的方式，就给我们呈现了一个如此丰富、如此生动的孔子！

我认为，《论语》塑造的孔子形象，其魅力，不光来自于他思想的丰富、性格的鲜明、学识的渊博、处世的积极、追求的执著，也来自于他的迂腐、琐碎、絮叨以及喜怒哭笑。

春秋时代是一个刀箭之下谋生存的军事时期，诸侯国的君王们关心的都是怎么尽快地富国强民，战胜敌国，争霸天下。而孔子这个时候却在那里祖述尧舜、典章文武，宣讲根本不能很快见到实效的礼乐制度。他的政治学说，一点都不切合时代的需要。这就注定了孔子的一生是“迂阔”的一生。《论语》是孔门视角，当然不会描写这个。但是，我们可以通过孔子的同时代人对他的议论、评价，得到这个印象。石门晨门（管开门的官吏，或者就是门卫）说孔子是“知其不可而为之者”（《宪问》），楚国狂人接舆唱着歌经过孔子身边、孔子想跟他说话、他却扬长而去，隐士长沮、桀溺规劝被孔子打发去向他们问路的子路不如跟他们一起避世（《微子》）。这些例子都可以说明，当时的许多有识之士都不认为孔子那一套理论能行得通。

在注重实际的大部分历史时期的人们（包括今天的我们）看来，孔子的那些生活讲究，恐怕都是相当琐碎的。这类讲究，主要集中在《乡党》这一篇中。就是吃点鱼肉，他老人家“食不厌精，脍不厌细”，“失饪不食”（烹调不当的，不吃），“不时不食”（不合时令的，不吃），“割不正不食”（切割不以其道的，不吃），“不得其酱不食”（没有合适的酱做佐料，不吃），“沽酒市脯不食”（街市上打来的酒不喝，街市上买来的肉干不吃）……孔子曾感慨女子跟小人一样难以相处，其实，从孔子妻子的立场看，她恐怕也会觉得孔子实在不是一个容易伺候的男人。

假如我们不把孔子说过的所有的话都看作金玉良言，那么，很快就会发现，他的许多话其实是相当絮叨的。《论语》一书中，“君子”在103个句子中出现过，“小人”在24个句子中出现过。孔子的君子小人之叹，固然根源于那个礼崩乐坏的时代和社会。但是，作为一个积极入世、积极做事的人，那么一而再再而三地发感慨，实在也是多了一点。翻开《论语》，第一篇第一条，“学而时习之，不亦说乎？有朋自远方来，不亦乐乎？人不知而不愠，不亦君子乎？”道理都是老生常谈，而孔子能够不厌其烦地娓娓道来，其实就是一种絮叨。孔子絮叨有两种可能的根源：一，孔子属于粘液质心理类型，凡事喜欢絮絮叨叨；二，长时间的教学生涯尤其是面对低年级、心智未开的学生的教学活动，孔子习惯于掰开揉碎了反复讲解的教学方法，修炼成了诲人不倦的蜡烛精神。

孔子决不是一个喜怒不形于色的哲人，决不是一个一团和气的好好先生。相反，该高兴时，他会大笑，该悲伤时，他会伤心；生气的时候，他不是和风细雨，而往往是雷霆万钧。接着上一段引的话，我们很容易就能想象出来：“学而时习之”，孔子是在那里微笑；“有朋自远方来”，孔子会在那里开怀大笑。得意弟子颜回、子路死的时候，孔子都曾经嚎啕大哭，喊着“老天这是要我的老命啊！”（《论语·先进篇》，《公羊传·哀公十四年》）颜回死的那次痛哭，是有弟子在跟前的。大概是看着老师一直在哭泣，弟子就劝他，说老师已经表示过伤心了，不需要一直伤心下去。孔子就说：“我真得太伤心了吗？我不为这样的人伤心，还为什么人伤心呢！”读《论语》，看孔子发怒是一件有趣的事情，具体情形已经不得而知，现在所能知道的就是其语言的精辟、有力。学生偷懒，大白天睡觉，他破口而出就是“朽木不可雕也，粪土之墙不可杇也”；跟女人怄气，也要怄出“唯女子与小人为难养也”的千古名言；身为君子，咒骂小人更是瓷器店老板的套路——词儿一套一套的，“君子成人之美，小人成人之恶”，“君子固穷，小人穷斯滥矣”，“君子坦荡荡，小人长戚戚”，“君子喻于义，小人喻于利”……孔子骂人，如大侠用刀，刀刀见血。

《论语》塑造孔子形象，其成功之处，就在于写出了这样一个跟普通人一样有血性、有喜怒哀乐却又比普通人高明一点点的人。这样的人物形象，在中国文学史上堪称空前绝后。孔子之所以能够流芳百世，屹立千古，我认为，跟《论语》一书的塑造之功密不可分。

## 孔子是求职者的伟大榜样

孔子的头衔很多，其中最广为人知的，是“圣人”、“教育家”、“思想家”、“儒家学派创始人”等几项。我在自己家里席地而坐，吹着电扇，第N遍重读《史记·孔子世家》。掩卷遐想之际，忽然觉得，孔子还应该得到一个头衔：求职家。

试想：像孔子那样，从十几岁到六十余岁，一生都在不停地求职；从国内求到国外，兜着圈子求了十几个国家，前后耗时十几年，“干七十余君”，最后又回到国内继续求；所谓周游列国，其实无异于丧家之狗，坎坷连绵，险象环生，几乎连老命都丢在异国他乡……孔子求职经历之丰富多彩，遭遇之啼笑皆非，意志之坚韧不拔，古今中外，可有第二人？

全球性的金融危机和国内高等院校的疯狂扩招，内外夹击，使当今大学毕业生就业形势变得空前严峻。在这种形势下，酸甜苦辣的求职过程必然成为大学生们无可逃避的人生重要阶段。少数意志薄弱者，可能根本无法适应这种残酷的生存磨难。这个时候，了解一下孔子一生的求职经历，一定可以得到些许启发，受到些许鼓舞，没准还能因此找到人生的出路。

现在我就根据《史记·孔子世家》等史书的记载，把孔子一生的求职经历整理如下：

孔子虽然是宋国贵族的后裔，但是，他出生才三岁，父亲叔梁纥就死了。因此，他从小过的是贫穷而且低贱的生活。孔子没有正经上过学，他走的是自学之路。因为他兴趣广泛，吹拉弹唱之类下等人的玩意儿学了不少。值得一提的是，孔子从小对礼仪制度特别感兴趣，跟伙伴玩耍，竟然玩祭祀礼仪少儿版。

孔子十几岁时，鲁国掌权大夫季氏大规模宴请国内知名的作家学者，孔子也兴匆匆地赶去参加。由于他还在为母亲披麻戴孝，也由于他年龄太小，被一个叫阳虎的人（时任季氏家臣，管家）给拦阻住没能参加。但是，这不妨看做孔子最早的一次求职行为，他想通过参加这样的社交活动谋求进身之路。

孔子十七岁时，在礼仪修养方面已经有些名气。鲁国大夫孟厘子临终遗言，让自己的两个儿子孟懿子和南宫敬叔都去拜孔子为师，向他学习礼仪。教这两个贵族子弟礼仪，可能是孔子平生的第一份工作。有趣的是，这份意外得来的工作，奠定了孔子延续一生的职业——教学——的基础。

这份教学工作，大约只是短期的辅导。但是，自此以后，孔子就办起了私塾。不过，这种私塾只是业余兼职性质的，他还可以有别的正经工作。等到年龄稍长，孔子就找了份正式一些的工作，做鲁国贵族季氏家的小管家，管理仓库货物。别看这份工作不起眼，它却是孔子日后人生起飞的一个基础。这个事情可以给今天的大学生这样一个启发：就业起点不怕低。

在南宫敬叔的要求下，鲁国国君给了他们师徒一辆车，两匹马，一个仆人，让他们出国留学，去东周首都洛邑（今天河南洛阳）进修礼仪，实际上就是拜访老子等学者。见过老子，临走的时候，老子送了孔子几句判断好赖人和为人处世的话。这一次出国进修，对孔子日后的招生工作大有好处。回到鲁国之后，拜孔子为师的人渐渐多了起来。

孔子三十岁时，齐国国君齐景公和宰相晏婴访问鲁国，曾询问孔子秦国是如何强大起来的，孔子的一番回答让齐景公颇为赏识。孔子挺重视这一次跟齐国君臣的一面之缘。他三十五岁的时候，鲁国发生动乱，于是避难到齐国，做了齐国大夫高昭子的管家。找这一份工作，孔子是有野心的，他想通过高昭子攀上曾经赏识过自己的齐景公，进朝廷做官。齐景公果然接见了孔子，向他请教了如何管理国家的问题，孔子的回答也让齐景公相当满意。但是，宰相晏婴对孔子那一套不感兴趣，认为太繁琐，对齐国不适用。其他一些齐国大夫，可能出于嫉妒，也想加害孔子。无奈之下，孔子只得回到鲁国。齐国求职，虽然宣告失败，但是，孔子在齐国期间并没有虚度光阴，他曾向齐国的一位宫廷音乐大师学习一首名叫《韶》的宫廷乐曲，刻苦到了“三月不知肉味”的程度，给齐国人留下了不错的印象。

回到鲁国之后，孔子大约一直没有找到理想的工作。到四十多岁时，孔子已经成为有名的学者，鲁国、吴国发现了出土文物，都跑去请教孔子。有一段时间，鲁国政局一片混乱，孔子也就不再谋求官职，一心教书，研究、整理《诗经》《尚书》《礼记》《乐记》等经典著作。

五十岁那一年，鲁国大夫公山不狃占据费城，背叛季氏，自立朝廷，派

人邀请孔子去他那里做官。孔子多年没有官做，想要应聘，但是他那著名的犟驴弟子仲由（子路）不让他去。

此后，孔子继续求职，终于做了中都宰（中都，在今天山东省汶上县西部）。不久，又升为司空（掌管工程建设，相当于后代工部尚书）、大司寇（掌管刑狱、纠察，相当于后代刑部尚书）。这期间，孔子做了几件有声有色的事情：整顿社会秩序，诛杀跟自己持不同政见的少正卯，外交上以强硬态度对付齐国，等等。他的种种表现使齐国感到害怕，因此，齐国以向鲁国国君赠送美女的方法，离间孔子与鲁定公。孔子被迫离开鲁国，踏上漫长的出国求职之路。

孔子这一趟出国求职，就是史书艳称的“周游列国”。大致路线是：鲁→卫→匡→蒲→卫→曹→宋→郑→陈→蒲→卫→晋→卫→陈→蔡→叶→蔡→楚→鲁。

一路之上，孔子师徒当然也有受到礼遇的时候。例如：卫灵公给孔子发放跟他在鲁国做官时一样多的俸禄，粟米六万钟；卫灵公的风流宠妃南子曾单独召见孔子；晋国赵简子派人迎接孔子准备任用他；楚昭王曾想赏赐孔子一片土地，并重用他师徒。

但是，这一路之上，麻烦事情也不少：匡人误把孔子当阳虎，拘禁了他五天五夜；在宋国，差一点被宋国当权大臣杀死在一棵大树下；在郑国，师徒走散，被郑国人形容为丧家之狗；在蒲国被叛乱的叔孙氏围困，打了一仗；在蔡国，被隐者长沮、桀溺、荷蓧丈人取笑了一番。最凶险的，当数陈蔡之间那一次，孔子师徒被围困在荒郊野外，饿了好几天，不少学生病得不能站立，人心惶惶，都以为必死无疑。

这一路，孔子师徒前后走了十四年！这期间，他一些弟子的工作得到了落实。但是，孔子本人，就没有得到过一份正式的工作，始终是寄人篱下，混口饭吃而已。说得难听一点，跟叫花子差不了多少。

后来，孔子的弟子冉有（求）被鲁国召回，担任重要职务。冉有向鲁国当政者季康子推荐老师，季康子有意任用孔子。但是，等孔子真的以“海归”身份回到鲁国，鲁哀公、季康子在向孔子咨询了一番治国道理之后，还是没能任用他。这个时候，孔子已经六十多岁，从此不再求职，专心从事教书和整理文献的工作。

孔子一生，求职上可以说是相当失败的。但是，这并不妨碍他老人家一生的整体成功。没有这个相当失败的过程，孔子也许就无法成为“圣人”、“教育家”、“思想家”、“儒家学派创始人”。无数的挫折失败相加累计，等于丰功伟绩，等于永垂不朽，这是一个有趣的人文数学定理——孔子之外，孙中山也是一个例子。

纵观孔子一生的求职道路，不难发现这样一个特点：他一直都没有停止过学习与研究工作。研究古代文献，学习包括音乐在内的各种知识。是不断的学习和研究，成就了孔子千古不朽的大事业。

## 孔子是音乐达人

孔子头上，有三顶帽子：两千年来朝廷和百姓都愿意慷慨赠予的一顶是“圣人”，现当代学者们最愿意赠予的两顶是“思想家”和“教育家”。

不过，我个人觉得，这三顶帽子都有点华而不实，都属于冥器——死后才戴的。我更愿意赠送孔子的，有三顶适合他生前戴的帽子，第一顶是“老人家”，第二顶是“文史达人”，第三顶是“音乐达人”。

孔子当然年轻过，活的寿命也不是很长，还没到今天北京市居民的平均寿命（80.8岁）。但是，《论语》记载的他那些絮絮叨叨、啰啰嗦嗦的话，老人味十足；加上他又比你我早生2500多年，叫他一声“老人家”，于情于理，都很合适。

文史达人，孔子生前便已经得到了公认。孔子十七岁的时候，鲁国大夫孟厘子就要儿子孟懿子在自己死后，拜孔子为师，跟他学习礼仪。这说明，孔子研究周代礼仪，少年时期就已经有了一定的名气。四十七岁那年，季桓子挖井，挖到一个土缶。缶中的东西，看起来像羊。但是，孔子引经据典后，将其鉴定为狗。可见，孔子在文物鉴定上有相当造诣。孔子五十八岁那年，吴国攻打越国，毁坏越国首都会稽时，发现了马车那么大的骨节。吴王派使者去向孔子请教，孔子告诉来人，那是当年被大禹帝杀死的防风氏的遗骨，并且说出一番道理来。吴国使者听后，表示叹服。可见，孔子对于上古历史，对于古生物

学都相当有研究。孔子周游列国，走到陈国时，陈国王宫落下一只死隼，隼的身上穿着一支箭，箭是楛木杆，石箭镞，长约八寸。陈国上下都没见过这种箭。陈湣公于是派人去向孔子讨教。孔子一看，就告诉来人，那是肃慎氏（在今朝鲜半岛）之箭。孔子说，这种箭，周武王时，肃慎氏进贡过。一查旧书，果然如孔子所言。这说明，孔子对于中外文化交流史，很有研究。

孔子那个时代，大约是没有“鲁国达人秀”之类选秀比赛的。但是，我敢肯定，倘若孔子穿越过来，完全有可能成为上海东方卫视“中国达人秀”舞台上非常耀眼的一位音乐达人，光芒不亚于某届达人秀舞台上的菜花甜妈。

菜花甜妈为了实现唱歌梦想，追求了五十年。孔子的音乐梦想，追求的时间更长，是近七十年；菜花甜妈是卖菜的时候也在唱歌，孔子则是面临生命危险的时候（被围困在陈蔡之间那一次），都在弹琴唱歌（“弦歌不绝”）。孔子学习音乐的故事，更是动人，感人，震撼人。孔子说自己“少也贱，故多能鄙事”，鄙事中，一定包括吹拉弹唱之类技能。即，有唱歌一项。孔子唱歌方面的兴趣，实在是非常人所能及的。每当遇到有人唱了好听的歌，他一定会让人家再唱一遍，再唱一遍，直到自己完全学会为止。孔子最有名的学习音乐的故事，发生在他三十几岁时。当时鲁国内乱，孔子跑到齐国，做了齐国一位大臣的管家——他想借此进入齐景公的朝廷。一次跟齐国王宫主管音乐的官员谈论音乐，第一次听到《韶》这支曲子，觉得美不胜收，于是就跟人学习。结果，三个月里，他老人家连最爱吃的肉是什么滋味，都吃不出来。孔子学习的认真态度，受到了齐国人的称赞。孔子学习音乐，不是浅尝辄止，而是十分讲究循序渐进，讲究境界的不断提高。孔子跟鲁国琴师师襄子学习弹琴，十天过去，孔子还在反复练习已经学过的曲子，不继续学新曲子。师襄子提醒他可以学新曲子了，孔子说，他虽然已经会弹奏曲子了，但是还没有掌握节拍。过了一段时间，师襄子说：“你已经掌握节拍，可以继续学新曲了。”孔子说，他还没有理解其中的思想情感。又过了一段时间，师襄子说：“你已经理解其中的思想感情，可以继续学新曲子了。”孔子说，他还没有体会出乐曲表现的是一个怎样的人。又过了一段时间，孔子时而是神情肃穆一副深思熟虑的样子，时而是神态怡然仰头而望志向远大的样子。他说，他已经体会出乐曲表现的是谁了：那人皮肤黝黑，身材颀长，目光高远，一心想着教化天下，除了周文王，还有谁！师襄子听孔子说完，佩服不已，立即离座而起，向孔子行过大礼后说："我的老师说过，这是《文王操》。"

我不知道，如今的音乐家们研究音乐，是否像孔子这样，要思考这么多问题，思考得如此深入。

如果说，作为"圣人"的孔子是令人尊敬的，多数人一定是敬而远之；而作为"音乐达人"的孔子，则是可爱的，可爱到令人恨不能立刻听他弹上一曲，唱上几首！

## 孔子的行政管理能力

在多数中国人的心目中，孔子恐怕都是如下的系列印象：一个温文儒雅、博学多识的学者，一个循循善诱、诲人不倦的教育家，一个性情细腻、学问多多的长者，一个到处碰壁、迂阔凄惶的政坛说客。

这些形象的形成，当然都是事出有因，合乎情理的。孔子是儒家学派创始人。儒者，柔也。儒家学说讲仁爱、孝悌、忠恕，其理论核心包括"己欲立而立人"和"己所不欲勿施于人"两个方面。总而言之，都是强调社会秩序，强调与人为善的。孔子其人，生于贫穷寒微，长于乱世弱国，绝大部分时间是在周游流浪，在收徒教学，在整理古代文献，一生的主要职业是民间私立学校的教师，业余学者。因为从政的不顺利，孔子大部分时间扮演的是"在野党"角色。凡此种种，孔子留给后人的印象，便是：说得多，做得少；讲究多，成效少。一言以蔽之，曰：博学无所成名。

一个人，在扮演"说"的角色和扮演"做"的角色时，表现往往是截然不同的。人们心目中的孔子形象，基本上来自扮演"说"的角色。扮演"做"的角色的孔子，其实一点也不迂阔，反而是雷厉风行、铁腕铁血、卓有成效的。

孔子早年在季氏家管理仓库、管理牲畜时的详细情形，已经不得而知，但是，从《史记·孔子世家》中，我们可以了解到，孔子具有非常出色的管理才能。管仓库，他"料量平"（管理、称量公平清楚）；管理家畜，"畜蕃息"（家畜快速繁殖）。因此，他的职位一路提升，做到掌管水利、营建的司

空。地位仅次于三公，与六卿相当。

孔子第二回展示他的管理、行政能力是在鲁定公八九年间。鲁定公先是任命孔子为中都宰（类似县长之类的地方长官），才干了一年，因为卓有成效，成为西边诸侯国管家们的学习榜样，他们纷纷跑到孔子那里取经。很快，鲁定公又先后升任孔子为司空、大司寇（诸侯国最高司法长官）。

鲁定公十年，是孔子从政史上最不平凡的一年。这一年夏天，在齐国提议下，齐鲁两国于夹谷（今天江苏省东北部赣榆县一带）举行和平会谈。孔子以代理傧相的身份参加了这次会谈活动。会谈期间，孔子淋漓尽致地展示了他雷厉风行、铁腕铁血甚至可以说是心狠手辣的一面。出发之前，孔子预料到齐国方面没安好心，建议鲁定公做好军事准备，带了左右司马一同赴会。到达会谈地点，双方按照礼节见面之后，齐国方面安排了一个音乐表演节目，头插翎毛手拿戈矛剑戟的表演者，鼓噪登场。孔子怀疑其中暗藏杀机，一溜小跑，跑到台阶倒数第二级站住，对齐国国君说：“我们两国君主举行友好会面，异族音乐舞蹈怎么能到这个地方来表演呢？请有关官吏处置！”齐国的有关官吏劝表演者离去，被表演者们拒绝了。属下都看着齐景公和宰相晏婴，齐景公心虚，挥手让他们离开。过了一会儿，齐国有关官员上前奏请表演宫廷乐舞。得到齐景公的准许后，一帮倡优、侏儒，就一边表演，一边登台。孔子见状，再一次跑到台阶倒数第二级，说：“故意迷惑诸侯的人，论罪应该杀死，请有关官员负责处理！”齐国有关官员迫于孔子压力，只得杀死那些表演者。可怜那些倡优、侏儒，顿时身首异处。这一次夹谷会谈，鲁国方面大获全胜：齐国归还此前侵占的郓、汶阳、龟阴等地，表示谢罪。

鲁定公十三年，孔子要求鲁定公下令拆毁鲁国三大家族逾越礼制的城墙，拆城计划因为内乱影响没有完成。但是，孔子的建议显然是十分大胆的。

鲁定公十四年，时年56岁的孔子，由大司寇代理傧相之职。这期间，孔子“诛”了不同政见者、鲁国大夫少正卯。有人认为，这个“诛”不是处死的意思，而是谴责、降级罚俸之类的意思。这种说法是不对的。理由已见前文《孔子铁腕铁血的一面》一节。

另外，《史记·孔子世家》还记载，孔子执政时间虽然只有短短的三个月，但是效果十分显著：出售猪羊的，都不作假提价；男女出门，都不走同一条路；道不拾遗，四面八方的人来到鲁国都不必向政府官吏寻求帮助，好像到了自己家一样，方便，安全。

综上所述，孔子一生次数不多、历时不长的为官经历，已经充分表现了他的行政管理能力是出类拔萃的，手段是干净利索的，风格是铁腕铁血的。换言之，跟《论语》中絮絮叨叨的孔子，判若两人。

评论历史文化人物，例如李白、杜甫，人们往往以成败论英雄，把他们的诗文中多牢骚、感慨之语作为他们不适合从政为官的论据。孔子的例子说明，那些在诗文中发过很多牢骚和感慨的历史文化名人，未必都是缺少行政管理能力，只会写诗作文的。

## 孔子的语言艺术

孔子通常被定义为思想家、教育家、学者，其实，孔子更是一个文采斐然的文人，他有着很高的文学修养，出口成章，语言非常有艺术性。

从《论语》中的“孔子语录”（子曰）看，孔子的语言不少是富有文学性的，值得我们欣赏、借鉴。为了醒目起见，下边分成若干类，分别举一些例子，以示佐证：

形象生动。孔子为了说明某件事情、某个道理，往往不是抽象地说教，而是利用若干具体可感、形象显明的事物，进行叙述、描摹。“一箪食、一瓢饮，在陋巷，人不堪其忧，回也不改其乐”（《雍也》），通过箪、瓢、陋巷三件具体事物名词，就把颜回安贫乐道的德性凸显了出来。“饭疏食饮水，曲肱而枕之，乐亦在其中矣。不义而富且贵，于我如浮云”（《述而》），疏食、饮水、曲肱、浮云四个形象，把自己的“忧道不忧贫”的思想生动形象地表达了出来。

富有感情。孔子不但不是假道学，实际上还相当性情，感性。被围困陈国，想念故国、牵挂在家乡的弟子，他就说：“归与！归与！吾党之小子狂简，斐然成章，不知所以裁之。”（《公冶长》）对于远在祖国的弟子，既为他们的狂放粗略感到担忧，也为他们的进步感到欣慰，喜忧交织，情见乎辞。孔子生病，子路成立治丧机构，让一个弟子担任孔子的家臣。孔子病好了的时

候，就很生气：“久矣哉，由之行诈也！无臣而为臣，吾谁欺？欺天乎？且予与其死于臣之手也，无宁死于二三子之手乎？且予纵不得大葬，予死于道路乎？”（《子罕》）孔子对子路弄虚作假的气愤情状，跃然纸上。颜回死了，孔子听到消息，接连两遍呼喊“天丧予！”因为他哭得太悲痛，弟子劝慰，孔子说：“有恸乎？非夫人之为恸而谁为？”（《先进》）失去最得意弟子的悲痛之情，虽历千古而如新。

喜用比喻。弟子宰我大白天在睡觉，不努力学习，孔子骂他“朽木不可雕也，粪土之墙不可杇也”（《公冶长》）。咒骂不长进人物，这两句话堪称千古绝唱。为了说明君子能够坚持品格，意志坚贞，不随波逐流，孔子用松柏作比喻：“岁寒，然后知松柏之后凋也”（《子罕》）。因为比喻生动，为千百年来的人们所广泛引用。

对句精辟。孔子深刻了解汉语言的对偶句式可以精确揭示事物一分为二、对立统一的奥秘，加以利用，便创造出一系列或精警动人、或鞭辟入里的格言。例如，“学而不思则罔，思而不学则殆”（《为政》）；“三军可夺帅也，匹夫不可夺志也”（《子罕》）；“人无远虑，必有近忧”（《卫灵公》）；“耕也馁在其中，学也禄在其中”（《卫灵公》）；其精彩、深刻，何需再置一词！这一类警句，孔子说得最多的还是关于君子小人的，“君子周而不比，小人比而不周”（《为政》），“君子喻于义，小人喻于利”（《里仁》）；“君子坦荡荡，小人长戚戚”（《述而》）；无不可以让一切怀才不遇者自比君子，时加引用，从而得到一种蔑视群小、傲世挺立、回肠荡气的快感。

气势磅礴。孔子立志高远，守道正直，见识通达，出语气质刚毅，气势凌云，气象磅礴。子贡问齐桓公杀死公子纠，身为公子纠大臣的管仲没有殉职，是不是不符合仁道。孔子马上回答说：“管仲相桓公、霸诸侯，一匡天下，民到于今受其赐。微管仲，吾其披发左衽矣。岂若匹夫匹妇之为谅（恪守小节的意思）也，自经于沟渎而莫知之也？”（《宪问》）气势凌厉，不容置辩。孔子的语言气势，更多的是通过排比句式造成的。“学而时习之，不亦说乎？有朋自远方来，不亦乐乎？人不知而不愠，不亦君子乎？”（《学而》）孔子描述的君子充满快乐、从容优雅的人生，有谁能够表示怀疑呢？“名不正，则言不顺；言不顺，则事不成；事不成，则礼乐不兴；礼乐不兴，则刑罚不中；刑罚不中，则民无所措手足。”（《子路》）谁还能说正名不是为政的当务之急呢？

因为自己时常涂鸦，对语言驾驭的甘苦有些许体会，所以每次读《论语》，都对孔子的高超语言艺术叹赏不已，恨不能与之同游列国，朝夕请益。

## 孔子不是祸首

没想到，会有那么多人对孔子怀着深仇大恨。

说实话，我对孔子也没有特别的感情。在我眼里，孔子就是两千五百年前的一个著名学者。他一生都在读书学习，虽然有人嘲笑他“博学无所成名”，但是，得承认他是相当有学问的，而且多才多艺。他好为人师，因此学生很多。弟子三千的说法也许有些夸张，但是，好几位弟子颇有出息，这一点也是无可否认的事实。他有点迂腐，还有点叨唠。但是，他的出发点是与人为善的，一点也不阴险。当然，孔子也有发狠的时候，做鲁国大司寇时就诛杀过异见分子少正卯。由于孔子一生的大部分时间都在教书和研究文献，在求职与流浪的路上，在朝廷做官的时间很短暂，因此他的身份基本上是民间学者。都说他是教育家，而实际上，孔子的开门办学，并不接受“教育部”的领导。显然，他的教学工作主要是在业余时间进行的，教学安排相当灵活。用今天的说法，孔子其实更像自由职业者，属于体制外人士。

至于后来他的学说被汉武帝用于帝国统一，宋明以后被理学家改造扭曲，被统治者用于愚民役民，我认为，跟孔子本人及其学术思想都没有直接关系。即使孔子的学术思想是凶器，有人拿它砍人，砍了很多很多的人，被砍者的亲属后代，只要神志清醒，都懂得罪不在凶器的道理，都不必对凶器恨得咬牙切齿。

说起春秋时期的百家争鸣，很多人都会眉飞色舞，认为那是一个思想解放、学术自由的好时代，愿意为其大唱赞歌。但是，提到儒家学说，马上又恨不能立即将其铲除干净。他们忘记了这样一个事实：儒家学说就是春秋时期百家争鸣中的一家，它也是多元价值的组成部分。自己不喜欢的学派，就要予以诋毁乃至铲除，这种想法，实在是相当可怕的。

许多人一提孔子，就言之凿凿：他是祸害中国两千多年的罪人！我不禁要发一句疑问：这些人到底有没有看过一点儿中国通史方面的书籍？孔子死后的两千多年里，中国曾经几度是世界上科技、经济、军事等最强盛繁荣的国家，是思想文化最开放最有活力的国家。例如汉朝，例如唐朝。而且，中国作为世界上最强盛国度的时间还相当长。总之，中国在孔子之后的两千多年里，也是辉煌过的，并非一团漆黑、一塌糊涂。中国之落后于世界，不过是两个世纪之内的事情。

也许，这些咒骂孔子的人是压根就不承认中国在孔子之后曾经有过辉煌的历史。如果真是这样，我倒也无话可说；如果不是这样，我就得反问一句：那些辉煌是否也应该跟孔子有点关系呢？须知，汉、唐统治者多是相当尊重孔子的。

如今咒骂孔子的人，都喜欢引用李贽、梁启超、鲁迅等等前贤的语录。我以为，李贽、梁启超、鲁迅等前贤的批孔，实质上是批判现实，跟今天人们的批孔是截然不同的：他们那是为了批判当时的社会，包括制度，包括风俗，包括当时仍在起着作用（比如，鲁迅所说的“吃人”）的传统，他们那是为了给民众启蒙。今天批孔，已经没有这些现实意义了。因为，今天的问题，早就不是孔子学说造成的问题了。勇士们，醒醒吧！

我一直纳闷，为什么如今会有这么多勇士情绪激动地对一个两千五百年前的学者进行口诛笔伐。想来想去，只有一种可能：批判孔子乃是当今最安全的一件事情。

## 孔子真的“述而不作”吗？

因为孔子说过“述而不作，信而好古，窃比于我老彭”的话（《述而》），很多人便信以为真，以为孔子只是一个古代文化尤其是西周制度的搬运工，周公思想的传声筒；有批孔者，甚至提出孔子反对创新的高论。

这当然是个误会，误解。一个开门办学、广招天下人才的职业教育家，一个一言不合抬腿就走、性格鲜明的传道（求职）者，一个涉猎广泛、富有批判精神的学者，一个才能出众、铁腕铁血的朝廷官员（大司寇摄行相事），一个生前鼓励众弟子各言其志、死后弟子分门立派（儒分为八）的学说创始人，一个声名远扬、影响深远的历史人物……怎么可能会是一个唯唯诺诺、谨小慎微的搬运工、传声筒呢？借用一句谐谑的说法，用脚后跟想一想都能立刻明白，这是不可能的事情。

《论语》中，孔子那么多格言金句，“己所不欲，勿施于人”，“己欲达而达人，己欲立而立人”，“以直报怨，以德报德”等等，都未见前人说过；即使说过，大概也没有孔子说得铿锵有力。《论语》中，有不少章节、话语，都可以证明孔子并非一个述而不作的人。请看：

《为政》：子曰：“吾与回言终日，不违如愚。退而省其私，亦足以发。回也，不愚。”——“不违如愚”和“发”，透露出这样的信息：孔子不主张弟子对自己的说法照单全收，而鼓励弟子独立思考，有自己的领悟。

《为政》：子曰：“温故而知新，可以为师矣。”——“知新”二字，说明孔子也是不欣赏两脚书橱，主张“记问之学不足以为师”的。

《为政》：子曰：“学而不思则罔，思而不学则殆。”——何谓思？思考、独立思考、创新思维也。若真是述而不作，学（记住、了解、效法）已经足够，不需要思考。

《八佾》：子夏问曰：“‘巧笑倩兮，美目盼兮，素以为绚兮。’何谓也？”子曰：“绘事后素。”曰：“礼后乎？”子曰：“起予者商也！始可与言诗已矣。”——用绘画作比喻解读诗句，将描写美人的诗句联想到礼仪修养的功用，加上一个“起”字（启发，启迪也），孔子分明是在鼓励弟子对《诗经》进行再创作。

《八佾》：子曰：“周监于二代，郁郁乎文哉！吾从周。”——孔子并非简单照搬周朝制度，他是有自己标准的：因为周朝借鉴、吸收了夏、商两代的优点与成就，较为美善。

《八佾》：子谓韶，“尽美矣，又尽善也。”谓武，“尽美矣，未

尽善也”。——说周朝的宫廷乐曲《武》未尽善，可见孔子对周朝也有不满意的地方。

《雍也》：子贡曰：“如有博施于民而能济众，何如？可谓仁乎？”子曰：“何事于仁，必也圣乎！尧舜其犹病诸！”——尧舜圣君都并非一味歌颂，而有所批评，这哪里是述而不作者之所为？

《述而》：子曰：“三人行，必有我师焉。择其善者而从之，其不善者而改之。”——真正的述而不作者，应该是“凡是”派。孔子这样，事事有主见，时时讲选择、讲改正的人，显然属于鉴往知来、继往开来的改良派，革新者。

《泰伯》：子曰：“如有周公之才之美，使骄且吝，其余不足观也已。”——读“甚矣吾衰也！久矣吾不复梦见周公”（《述而》）时，可能以为孔子是周公的死忠粉，读到这一句时应该明白，孔子并不盲从周公。一旦周公有傲娇、吝啬的毛病，孔子会立刻将其否定。

孟子更是明确指出，孔子是个善于“作”的人（不同于今天人们所说的no zuo no die 的zuo）。孟子几次说到孔子的《春秋》时，用的都是“作”字。《孟子·滕文公下》：“世道衰微，邪说暴行作，臣弑其君者有之，子弑其父者有之。孔子惧，作《春秋》。”又《离娄下》“王者之迹熄而《诗》亡，《诗》亡然后《春秋》作”。

既然如此，孔子为什么要说自己“述而不作，信而好古”的话呢？这要放在当时历史环境下去理解。政治军事上，诸侯力战，不统于王；思想文化界，诸子驰骋，百家争鸣。于狼烟四起的乱世求生存，求发展，当然需要打出自己的旗号。孔子打的是“克己复礼”“从周”的旗号。就好比汉朝末年，三国争霸，刘备打的是“光复汉室”的旗号。都是以正统自居、号令天下的意思。实际上，当然不可能是照搬、传声，而有自己的主张，自己的标准，自己的思想。

当然，孔子这么说，也可能出于一时的言语应对需要，是一种谦虚，一种自嘲。比如说，有人指责他言出无据，大言不惭，他便用这句话去抵挡。人生七十古来稀，孔子一生可谓漫长。一句话，一时兴起，脱口而出，都要概括一生思想，谈何容易。

朱熹说：“孔子删《诗》，定礼乐，赞《周易》，修《春秋》，皆传先王之旧而未尝有所作也，故其自言如此。”钱穆先生为了解释“述而不作”，说孔子之所以这样，是因为孔子是“有德无位”之人，只有像周公那样的人，才有资格制礼作乐。对这两位前辈学者，我有点儿同情：胶柱鼓瑟，难成曲调。

## 孔子主张明哲保身?

有论者根据孔子一句“不在其位，不谋其政”的话，便得出孔子事不关己高高挂起的结论。这实在是令人大跌眼镜。

积极入世理论学说的创始人，一生招收弟子多达二三千的教育家，一生学说皆围绕人际关系展开研究、以宣扬纲常观念为己任、以呼唤仁爱为使命的学者，为实现政治理想不惜付出十几年时间像丧家狗一样奔走于各诸侯国之间的求职者，一个阅尽人世沧桑、终身不渝、知其不可为而为之、朝闻道夕死无悔的求道者，都不免于“事不关己高高挂起”的差评，真想象不出来，关心他人的人是长什么样子的，这世上还有谁是会关心他人的！莫非，在论者的心目中，遁迹山林、以养生保命为最高目标的老庄，才是懂得关心他人的人？

《论语》中，能够说明孔子懂得关心他人、并非“事不关己高高挂起”之人的章节、语句，俯拾皆是，请看：

《学而》：子曰：“道千乘之国：敬事而信，节用而爱人，使民以时。”——爱护百姓，不滥用劳役使唤百姓，这是关心人民。

《为政》：子曰：“非其鬼而祭之，谄也。见义不为，无勇也。”——请注意，孔子是提倡见义勇为的。

《八佾》：孔子谓季氏：“八佾舞于庭，是可忍也，孰不可忍也？”——人家执政大夫在家里用天子规格的乐舞娱乐，跟孔子有何相干，他要如此愤怒。况且，执政大夫是好惹的角色吗？“事不关己高高挂起”的人，这种事，缄默不言才对呀。

《公冶长》：子在陈曰：“归与！归与！吾党之小子狂简，斐然成章，不知所以裁之。”——远在鲁国的弟子，如此牵挂，哪有一点“事不关己高高挂起”的样子嘛。

《公冶长》：颜渊、季路侍。子曰：“盍各言尔志？”……子曰：“老者安之，朋友信之，少者怀之。”——不关心他人的孔子，怎么会在乎老者、朋友、少者的是否得到安顿，是否信任、感念自己呢？

《述而》：子曰：“自行束修以上，吾未尝无诲焉。”——几根肉干，是不足以打动一颗自私冷漠之人的心的。

《乡党》：厩焚。子退朝，曰：“伤人乎？”不问马。——待在马厩里的人，大概是下等人，贵为大司寇的孔子却如此关心，完全不是高高挂起者的姿势。

《乡党》：朋友死，无所归。曰：“于我殡。”——朋友死无所葬，孔子挺身而出，圣人里的雷锋呀！

《先进》：颜渊死，子哭之恸。从者曰：“子恸矣。”曰：“有恸乎？非夫人之为恸而谁为！”——一个弟子早死，不懂关心他人的人，完全可以用“人各有命”四个字轻轻打发，哪里用得着大放悲声呢？须知，孔子当时已经一大把年纪了。

《颜渊》：子曰：“君子成人之美，不成人之恶。小人反是。”——成人之美，雷锋行为。

《子路》：叶公问政。子曰：“近者说，远者来。”——不但要求统治者关爱本国百姓，还要向外国百姓示好，孔子管得跟国际警察一样宽！

《阳货》：阳货欲见孔子，孔子不见，归孔子豚。孔子时其亡也，而往拜之，遇诸涂。谓孔子曰：“来！予与尔言。”曰：“怀其宝而迷其邦，可谓仁乎？”曰：“不可。”——迷其邦，任由自己的国家处于迷途、混乱状态。这叫“事不关己高高挂起”，孔子表示这是不可以的。

有谁见过，一个不懂关心他人、事不关己高高挂起的人，是像孔子这样诸事操劳、忙碌不已、苦口婆心的呢？

问题出在对孔子“不在其位，不谋其政”这句话的理解上。

《宪问》：“子曰：‘不在其位，不谋其政。’曾子曰：‘君子思不出其位。’”曾子的话应该是对孔子这句话的解读，意思是：君子应专注于本职。说的是对礼制的遵守，不是明哲保身。从孔子屡次严词谴责卿大夫僭越行为看，这句话，他可能是作禁止之词用的。即告诫卿大夫，各守本分，不得越职胡来。

## 话说孔子的等级观念

有人根据孔子说过“君君，臣臣；父父，子子”、“君使臣以礼，臣事君以忠”、“三年无改于父之道，可谓孝矣”等话，便断言孔子推崇君权、父权、夫权，提倡愚忠、愚孝、愚节；一句话，孔子有严重的等级观念。

其实，这种有罪推论，是很成问题的。不客气地说，是歪曲，是诬蔑。

首先，孔子说这些话的时候，都是有特定语境，特指意思的，并非泛泛之论。“君君，臣臣；父父，子子”，是针对当时齐国的君臣颠倒、父子失伦乱象而言的。陈僖子（乞）把持朝政，施行虐民政策，而景公无法以国君身份加以禁止；景公宠爱小儿子舍，赶走了长子阳生，阳生依靠陈乞杀死舍得以立为太子，父子失和。在种情况下，齐景公向孔子请教如何施政，孔子于是给他提出了这样的建议：君主得像个君主，大臣得像个大臣，父亲得像个父亲，儿子得像个儿子。地位、身份不同，言语、行为也应该随之不同，这在今天的民主国度也说得通，并不能得出孔子推崇君权、父权和愚忠、愚孝的结论。

孔子说“君使臣以礼，臣事君以忠”，其语境和含义，前人有很好的说明。孔安国说，当时君臣失礼，鲁定公受其困扰，因此向孔子请教。明代学者焦竑说，鲁定公是个将权柄授他人致使自己身处险境之人，所以孔子劝其依礼行事；孟、季、叔三家是尾大不掉的臣，所以孔子希望他们恪守忠诚之道。这句话里，孔子对君有礼遇臣属的要求，并非要求臣单方面向君效忠。这里根本没有愚忠的意思。

“三年无改于父之道，可谓孝矣”，很可能是针对诸侯君主而言的。比

如说，新继位的贵族，向孔子请教，怎么做才算是尽孝道，孔子给出了这样的建议。如果真是愚孝，三年是不够的，得一辈子。另外，孔子也说过“事父母几谏”的话，可见，父母有错，儿女也是可以进谏提意见的。这怎么能说孔子有愚孝的思想呢？

其次，从《论语》记载看，孔子不但没怎么强调等级观念，反而有某种程度的平等思想：忽略人际的贫富贵贱差距，要求统治者爱护人民，童叟无欺，有教无类等等言行，都是具体表现。请看：

《学而》：子曰：“道千乘之国：敬事而信，节用而爱人，使民以时。”——认为诸侯执政者应该爱护人民

《学而》：子曰：“弟子入则孝，出则弟，谨而信，泛爱众，而亲仁。”——泛爱众，有博爱成分。

《为政》：子曰：“道之以政，齐之以刑，民免而无耻；道之以德，齐之以礼，有耻且格。”——统治者讲道德讲礼仪，百姓就会知耻，有尊严。如何使百姓活得有尊严，对今天的国家领导者而言，仍然是一项重要课题。

《雍也》子贡曰：“如有博施于民而能济众，何如？可谓仁乎？”子曰：“何事于仁，必也圣乎！尧舜其犹病诸！夫仁者，己欲立而立人，己欲达而达人……”——对尧舜那样的圣人的要求是：爱护人民，使人民受益，乃至享受跟自己同样的待遇。

《述而》：子曰：“自行束修以上，吾未尝无诲焉。”——有教无类，翻译成现代汉语，可以是：人人皆有接受文化教育的权利。即使是今天的政府，也没能完全做到。

《述而》：互乡难与言童子见，门人惑。子曰：“与其进也，不与其退也，唯何甚！人洁己以进，与其洁也，不保其往也。”——童叟无欺。

《子罕》：子曰：“衣敝缊袍，与衣狐貉者立，而不耻者，其由也与？‘不忮不求，何用不臧？’”子路终身诵之。子曰：“是道也，何足以臧？”——肯定子弟忽略人际贫富差距，实际上也是一种超越，一

种平等。

《颜渊》：仲弓问仁。子曰："……己所不欲，勿施于人。在邦无怨，在家无怨。"——己所不欲，勿施于人，尊重他人，至少是意念平等。假如人人都有这种平等的意念，那么，世上就不可能会有专政、独裁的君主和制度了。

孔子有个名列"四科十哲"的高足子夏，有两段均见于《颜渊》篇的话，非常有意思：

一段是解答樊迟同学孔子"举直错诸枉，能使枉者直"什么意思时说的："舜有天下，选于众，举皋陶，不仁者远矣。汤有天下，选于众，举伊尹，不仁者远矣。"——选于众，这不是人民选举产生领袖的意思吗？

另一段是劝慰司马牛同学时说的："……四海之内，皆兄弟也。君子何患乎无兄弟也？"——四海之内皆兄弟，这分明是人人生而平等的意思啊。

子夏的思想，是从哪里来的？当然是从孔子那里来的。只不过，子夏说得更加明确些而已。

当然不能说，孔子的思想里丝毫没有等级观念。但是从《论语》看，孔子的确没有特别强调等级观念。孔子强调的是礼仪制度。礼仪制度基于社会的等级划分，这是事实，是现实，孔子无力改变。还有，孔子名下的许多罪状，其实都是后代的统治者和"思想家"们故意歪曲孔子话语所致，孔子也是被冤枉的。

## 孔子有愚民思想吗？

有人认为，孔子所言"民可使由之，不可使知之"，意在推行愚民政策，让民众按照统治者的意思去做事，却不要让他们知道这样做的原因。

这样说一生从事教育事业的孔子，真是冤哉枉也！

首先，这样讲，逻辑上不通。愚民办法，无非两个：一是不让百姓有接受文化知识教育的机会，文盲状态是保持愚昧的最好办法；二是提供的教育，不是开蒙益智教育，而是洗脑、驯化教育。而孔子，这两点都不符合，实际上是反其道而行之。

孔子办学，是开门办学，有教无类，多多益善，无论贵贱贫富，不管年龄大小，不论国籍故里，不择聪敏蠢钝，只要象征性地交一点儿学费（所谓束修），只要肯学习，他都愿意收入门下。因而，三千弟子，比较优秀的，只有七十余人，成材率相当低。孔子教学，有文、行、忠、信四类功课；十位得到孔子认可的优秀弟子，被分为德行、言语、政事、文学四科。可见，孔子教学，重视品德的同时，也注重语言辞令、政治管理、学术研究等方面能力的培养。

孔门弟子在孔子死后很快便分门立派，有“儒分为八”一说。这一情况，说明孔子是鼓励弟子独立思考的，他对于弟子的态度是兼收并蓄的，没有搞一言堂，没有禁锢思想。

其次，《论语》中有关为政者与人民大众关系的谈论，孔子反复强调的，是为政者要身正，要端庄，要讲礼仪，要诚信，都是针对为政者提出要求。请看：

《颜渊》：季康子问政于孔子。孔子对曰：“政者，正也。子帅以正，孰敢不正？”

《子路》：子曰：“其身正，不令而行；其身不正，虽令不从。”

《子路》：子曰：“苟正其身矣，于从政乎何有？不能正其身，如正人何？”

《卫灵公》：子曰：“……不庄以莅之，则民不敬。知及之，仁能守之，庄以莅之。动之不以礼，未善也。”

《宪问》：子曰：“上好礼，则民易使也。”

《子张》：子夏曰：“君子信而后劳其民，未信则以为厉己也；信而后谏，未信则以为谤己也。”

《宪问》：子路问君子。子曰：“修己以敬。”曰：“如斯而已乎？”曰：“修己以安人。”曰：“如斯而已乎？”曰：“修己以安百姓。修己以安百姓，尧舜其犹病诸！”

《颜渊》：子贡问政。子曰：“足食，足兵，民信之矣。”

《尧曰》：尧曰：“……宽则得众，信则民任焉，敏则有功，公则说。

《子路》：子曰："……上好礼，则民莫敢不敬；上好义，则民莫敢不服；上好信，则民莫敢不用情。"

要求为政者身正、端庄、讲礼仪、诚信，这种态度，跟糊弄、愚弄人民大众是水火不相容的。孔子的角色设定，是统治者的政治管理学导师。孔子更着意的，是对为政者进行告诫，而不是对人民大众进行教育。这很容易理解，孔子办学的教育对象，是统治者和候补统治者，不是人民大众。

最后，"民可使由之，不可使知之"这句话，怎样断句，如何理解，历来众说纷纭。郑玄、何晏、朱熹等人的阐释，都是照字面直讲，大致是：百姓可以让他们做事，但不能让他们知道为什么做事。这不一定是孔子的本意。有可能是，孔子在发表感慨，大意是"如今的百姓啊，你可以让他们听话，可以让他们顺从，可以让他们给你做事。但是，你没有办法让他们去懂得道理，了解事情的所以然！"跟鲁迅的"哀其不幸，怒其不争"，是一样的情怀与意思。实际上，按照郑玄、何晏、朱熹阐释的意思，这句话在《论语》中就成了孤例，显得突兀，不可信。

假如把《论语》中的君子小人之叹，都理解为是对底层百姓的批评；那么，不厌其烦的反复批评，实际上也可以理解为深切的关心，仍然是孔子对人民大众"哀其不幸，怒其不争"的情怀宣泄。这样一来，整句话在《论语》中也就不显得突兀了。

# 六、孔子的缺点

## 孔子也常常言行不一

孔子在回答弟子子贡如何才可以称为“士”的问题时，说“士”的第二个层次的标准是“言必信，行必果”。但是，孔子本人对“言必信，行必果”并不十分推崇，孔子把不分是非黑白只管贯彻自己言行的做法归入小人行为的范畴。事实上，孔子本人也的确有出尔反尔的时候。请看例子：

孔子五十岁那年，鲁国执政季氏的管家公山不狃，觉得没有得到季氏应有的重用，于是借助阳虎的力量发动叛乱。公山不狃占据了费地，作为反抗季氏的基地。公山不狃派了使者去邀请孔子。孔子因为很久没有得到任用，对公山不狃的邀请有点动心。就说：“当年西周文王、武王从丰镐起家，后来做了王。现在费地虽小，莫非也像西周文武王的丰镐？”孔子想去接受公山不狃的邀请。弟子子路知道后，很不高兴，阻止孔子不让去。孔子说：“人家邀请我，难道我是白去的吗？如果他能任用我，我也许能让它变成东边的周王朝呢！”尽管孔子最后还是没有去，但他心思已动，已经违背了他自己“危城不入”的理论。

鲁定公十四年（公元前496年），即孔子五十六岁那年，被任命为大司寇兼傧相。得到任命后，孔子面有喜色。有弟子说：“我听说，君子是祸至不惧，福至不喜的。”孔子回答说：“是有这说法。但不也有‘快乐是由于有机会使下层人活得有尊严’的说法吗？”虽然说，孔子把自己面有喜色的原因说得很堂皇，但毕竟跟他平时所说的君子的标准是相龃龉的。

孔门师徒周游列国，一次经过蒲国时，蒲国大夫公叔氏占据蒲，发动叛乱。蒲人围住孔子不让离开。孔子一个叫公良孺的弟子，组织了一个有五辆马车的车队跟随在孔子身后。此人头脑聪明，勇敢有力，对孔子说：“我跟随先生，曾在匡地遇到麻烦，现在又在这里遇到问题，这是命运。我跟先生两次遇到困难，我宁愿战死。”说完就勇敢地冲杀起来，蒲人见状，感到害怕。于是对孔子说：“如果你们离开蒲国后不去卫国，就放你们走。”因此，双方停止战斗。一番盟誓之后，放孔子师徒从东门离开。不料，离开蒲国之后，孔子一路奔卫国而去。弟子子贡大惑不解，问孔子：“盟誓可以不算数的吗？”孔子回答道：“被要挟的盟誓，神灵是不听的。”

晋国掌权者赵简之属下中牟的地方长官佛肸占据中牟进行叛乱，派人聘请孔子。孔子想去应聘。弟子子路表示不解：“我曾听您说过，‘其人自身不善者，君子不去他的国家任职。’现在佛肸本人以中牟为据点进行叛乱，您想要去应聘，这是怎么回事？”孔子回答道：“我是说过这话。但是，不是也有说‘坚硬啊，怎么磨也不变薄’，‘雪白啊，怎么染也不变黑’的吗？我难道是瓠瓜（苦味匏瓜或匏瓜星），能够高高地挂在那里不能食用的吗？”

孔子出尔反尔、言行不一的故事，不止上述几个。

我们能不能据此得出结论，说孔子是一个不讲信用的人呢？我认为是不能的。因为，孔子的出尔反尔、言行不一，不是有着更为重要的道理、依据，便是事出无奈。这些道理、依据、无奈的背后，往往说明，孔子有其思想灵活、能随机应变、富有人性的一面，不同于后世人们印象中的“孔夫子”“老夫子”“孔老夫子”。孔子、孟子虽然都把诚信当作美德，但都并不将它作为最高标准，可以变通，有时甚至会对“言必信”加以贬斥。究其原因，大概是一者他们身处春秋战国乱世之中，二者他们的祖国鲁国是弱小之国，过于强调信用，会直接妨碍生存。乱世小国图存，需要变通的智慧，不能过于守信。

再举两个例子。“三思而行”这个成语，意思是经过思考后再去行动，是个褒义词。但是，《论语·公冶长》记载，孔子在听说鲁国大夫季文子（季孙行父）遇事总是三思而后行之后，颇不以为然，他说：“想两遍也就可以了。”《孔子家语》《韩诗外传》《说苑》等记载，曾参（曾子）在瓜地除草时，误锄了瓜秧根部。他父亲曾皙（孔子弟子）大怒，拿大木棒打了他。曾子当时被打倒在地，过了一会儿才苏醒过来。慢慢爬起来后，暗自思忖：“刚才我得罪了大人，大人用力教训了我，我能没有受伤吗？”回到自己房里，关上门，边弹琴，边唱歌，想要让他父亲听了他的歌声后，知道他身体健康，并没有受到伤害。孔子听到这事后，告诉弟子们：“曾参来了，不要让他进来！”孔子对曾参不满，理由是，在父亲生气的时候，他竟然不逃开，由着父亲殴打。孔子认为，曾参这是陷父亲于不义、使父亲犯罪（伤害君主臣民）的行为，不是孝顺的表现。

孔子其人其思想，原本往往是鲜活有趣，具有相当灵活性的，但每每被后代的儒家信徒、理学家给僵化了，直至变成不可理喻的说教。

另外，如今都把孔子当作思想家，许多专家都说，要想了解孔子的思想，要熟读《论语》。其实，我觉得，对待孔子，我们更应该学习孔子本人的做法，评价一个人，不但要听其言，更要观其行（《论语·公冶长》）。孔子固然是思想家，但同时他更是社会政治的活动家，人生理想的实践家。



## 圣人不够绅士

儒家学派的第二号人物孟轲有个说法：“圣人，人伦之至也。”（《孟子·离娄上》）杨伯峻先生把这句话翻译为：“圣人是做人的标准。”还有一句相当古老、流传甚广的俗话，叫做“人非圣贤，孰能无过”。合在一起，意思就是：圣人乃道德操守尽善尽美、没有任何过错、可供世人学习的榜样。不用说，儒家学派的创始人孔子和理学集大成者朱熹，就是这样的圣贤。

但是，用今天的标准衡量，孔子和朱熹，其实也并未真的做到了尽善尽美，没有任何过错。比如说，身为须眉男子，他们对于女人就都没有表现出应有的绅士风度。

说孔子缺少绅士风度，有两个证据：其一是，他说过“唯女子与小人为难养也”的狠话，把骨肉是清水做的女子跟污泥捏成的小人相提并论；其二是，单独会见卫国国君年轻美貌的夫人南子之后，却赌咒发誓把自己装扮成正人君子，让南子独自承担不检点的坏名声。

宋代大儒朱熹的不绅士，比起孔子来，有过之而无不及。孔子只不过是说几句女人的坏话，朱熹却为了维护自己的学说，利用手中的权力，几乎置一个弱女子于死地！

南宋淳熙九年（1182年），台州知府唐仲友，跟色艺俱佳的营妓（在乐营教习歌舞为业的官妓）严蕊交好，并且帮助她脱离妓籍。当年，任提举两浙东路长平茶盐公事的朱熹，巡查至台州时，因为唐仁友的永康学派反对自己的理学（《二刻拍案惊奇·甘受刑侠女著芳名》说是朱熹的好朋友陈亮居间挑拨），同时也确实有一些人在告发（包括诬告）唐仲友。于是，连上六疏，弹劾唐仲友。其中第三四两疏，论及唐与严的私情有伤风化。结果，严蕊被捕入狱，先后被关押于台州、绍兴两地监狱之中。但是，严蕊不但色艺俱佳，为人也刚烈有义气，面对酷刑，她都不招认自己跟唐仲友之间有私情。“两月之间，一再杖，几死。”严蕊自辩道：“身为贱妓，纵合与太守有滥，科亦不至死；然是非真伪，岂可妄言以污士大夫，虽死不可诬也。”事情闹大了，引起朝野议论，以至于孝宗皇帝都知道了，认为是“秀才争闲气”，有点看不下去。于是将朱熹调往别处，改由岳飞后人岳霖担任提点刑狱。岳霖经过一番调查审讯，认为严蕊是被诬陷的，下令将其释放，并让她脱去乐籍，从良嫁人。

据说，岳霖在审讯严蕊时，曾让她作词自诉。严蕊果然是名妓，文采过人，当时就写出了一首【卜算子】词。词曰：

不是爱风尘，似被前缘误。花落花开自有时，总赖东君主。去也终须去，住也如何住！若得山花插满头，莫问奴归处。

词中交代了自己之所以沦落风尘，并非自愿，个中有着无奈的苦衷；“总赖东君主”，含蓄委婉地将脱籍的希望寄托在岳霖身上；最后两句，表达自己的心愿：隐姓埋名，做一个村姑农妇。这词不见得有多好，比不上李清照、朱淑真等同时代女词人的佳作。但是，其中表现出来的下层妇女的人生辛酸和愿望心声，足以使人感慨唏嘘一番的了。

历来有论者认为，严蕊作此词的故事，是洪迈等人虚构的。王国维认为，词是唐仲友亲戚高宣教作。

我认为，故事的若干细节，包括这首《卜算子》是否严蕊本人所作，并不重要。重要的是，朱熹为了弹劾官员唐仲友，使一个性情刚烈的下层妇女遭受了两个月的牢狱之灾，几乎丧命。这件事情足以说明，向称圣贤的朱熹，其实是个缺少怜香惜玉之情、不够绅士风度的冷血人物。

儒家讲仁爱，但是，因为时代局限，他们的仁爱，缺少对女性的同情与关照。这一点上，他们的思想境界不如西方中世纪的骑士、绅士，也不如本土的纨绔子弟贾宝玉！

## 圣人孔子犯过的错

有句老话，叫“人非圣贤，孰能无过”。这是一句为普通人犯错误开脱的安慰话。言外之意，只有圣贤才可能不犯错误，或者，圣贤是不会犯错误的。但实际情况并非如此，而是：圣贤也是会犯错误的。

孔子是我国公认的圣人，“至圣先师”，圣贤中的圣贤。我国自汉代以来的历代统治者，均将其奉为圣人，修建孔庙，诰封孔子后裔，相沿成习，乐此不疲。假如让中国人民公投，从所谓五千年文明史中选出若干圣人，孔子必定独占鳌头！现在，孔子圣人的头衔，显然已经得到了全世界的公认。中国政府大手笔斥巨资，在全世界各地建立“孔子学院”，教外国人学中文，学打太极拳，学包饺子；一首曾经广为传唱的流行歌曲，自豪地唱道：“孔夫子的话，越来越国际化。”就连外国人整的世界名人排行榜，孔子也名列前茅，跟耶稣、释迦牟尼等人齐名。

就是孔子这样的圣人，也不能免于出差错，而且远不止一次。单是《论语》中明确记载、孔子本人承认的差错，就多达四次！

第一次差错是在评判弟子宰予上出的。看见宰予大白天在屋里睡觉，孔子非常愤怒，将宰予臭骂一顿之后，承认：自己从前评判一个人，都是相信其所说的话，认为他人是怎么说便会怎么做、说得到就做得到的。他是从宰予开始，这才认识到，自己这样评判一个人是不对的，必须在听人怎么说、说了什么的同时，也观察其行为，行动。就是说，不但要听其言，也要观其行。

第二次是在对一个叫子桑伯子的评价上。弟子冉雍问孔子对子桑伯子的评价，孔子说：“不错。只是待人接物有点简慢。”冉雍不太同意老师的这个评价。他说："自身品质端庄，只是行为有些简慢，让这样的人去管理人民，大概是可以的。但是，倘若其人品质和行为都不端庄，那就太过分了！"孔子说："冉雍说得对。"这等于承认，自己说的不够全面、准确。

第三次是回答陈司败（陈姓司寇）关于鲁昭公是否知礼之人的提问时，孔子回答说"知礼"。结果，陈司败以鲁昭公迎娶实际上同姓的吴国女子为妻——为了避嫌将其改名为吴孟子——不合礼制，而认为孔子是因为徇私情才那么说的。弟子巫马期把陈司败的话转告孔子，孔子听后，坦诚地说："孔丘很幸运，犯了错误时，有人能知道并给予指正。"可见，孔子承认自己说错，接受了陈司败的批评。

第四次是说弟子子游（言偃）担任武城长官时以礼乐治理是"割鸡用牛刀"。武城是一座小城，弟子子游在那里做长官的时候，孔子有事到那里，听见街巷间有弦歌之声，孔子便笑着对子游说："割鸡焉用牛刀？"子游说自己当初跟孔子学习的时候，听孔子讲过"君子学道则爱人，小人学道则易使"的话。孔子一听这话，立刻意识到，自己话说秃噜了。不过这一次，孔子可能为了面子，耍了回花枪，转头对当时在场的其他几位弟子说："各位，言偃说得对。老夫刚才的话是开玩笑的。"实际上，孔子承认自己说错话了。

除了这四次孔子本人承认的，还有如下三次，孔子也是做得不够好，甚至差点酿成大错的：会见南子，差点接受搞叛乱的公山不狃、佛肸征召，去做官。后两次，若不是弟子子路劝阻，孔子真去赴任了，后果不堪设想！另外，驳斥宰予守孝宜一年为期的观点时，孔子情绪激动，蛮横不讲道理，后人也有不以为然的。

《论语》以外，《史记·仲尼弟子列传》也记载了孔子自己承认的另一次错误：因为澹台灭明相貌欠佳，孔子差点没有接受其为弟子，或认为其愚钝而将其忽视。孔子说过"以貌取人失之子羽（子羽是澹台灭明的字）"的话（另一句是"以言取人失之宰予"）。其貌不扬的澹台灭明，德行才能得到了子游的赞扬，日后更是"从弟子三百人，设取予去就，名施乎诸侯"，影响很大，弘扬孔门儒学，居功至伟。

细数起来。孔子这位中国历史上最伟大的圣人所犯过的错误，真是不少。

相比之下，欧洲有句谚语，比我们的“人非圣贤孰能无过”更加接近事实，叫做“荷马也有打盹的时候”。用我们自己的语言来说，大致是“圣贤尚且不免于犯错……”——这是不是比“人非圣贤”云云，更加有说服力呢？

## 孔子为什么没有成为诗人？

孔子为什么没有成为诗人？这实在是一个有趣的问题。因为：

一、春秋时期，在社交场合朗诵诗歌蔚成风气。

二、孔子非常重视诗歌的作用；

三、孔子对《诗三百》（后来叫《诗经》）不但熟悉，而且很有研究；

四、孔子是一个相当有诗人气质的人。

春秋时期，君王贵族乃至普通百姓，无论是会盟、宴饮之类社交场合，还是家庭日常生活，开口说话，都有一个特点：喜欢引用、背诵《诗经》中的整首作品或个别诗句，来直接表达或辅助表达自己的思想感情。换言之，诗歌在当时的社会生活中，有着十分重要的作用。那个时代，引用、背诵《诗经》风气之盛，是令人惊诧的。有学者统计过，单是《左传》一书记载的历史人物在社交场合引用、背诵《诗经》的次数，就多达150次。情况有如《汉书·艺文志》所言，那个时代，诸侯君主、贵族大夫接待邻国使者，会面交谈，“必称诗以喻其志”。据说，引用、背诵诗歌的目的是表现自己的聪明才智，同时观察对方国家的国力盛衰。《左传》、《国语》等史书中，也的确记载了不少君王大夫因为恰当引用、背诵了《诗经》中的作品，而达到预期目的的故事。例如，晋国流亡王子重耳就因为在跟秦穆公会面的时候，巧妙地引用了几首《诗经》中的作品，使得秦穆公派出军队，帮助自己复国做了晋国国君——史称晋文公。

关于诗歌的作用，孔子有一套非常著名的理论。那便是：“《诗》可以兴，可以观，可以群，可以怨。迩之事父，远之事君，多识于鸟兽草木之名。”（《论语·阳货》）。这就是文学理论家所说的孔子的诗教理论。这一番话翻译成现代汉语，就是“《诗》可以激发人的志向情感，可以反应社会风俗的盛衰变化，可以使人们更加合群相处，藉以抒发怨恨之情。从近处说，有助于侍奉父母；从远处讲，有助于侍奉国君，并且能够帮助人多认识鸟兽草木的名字。”孔子谈的虽然是《诗经》中的诗歌，但是，实际上，《诗经》就是诗歌。这样说，主要根据有二：一是，《诗经》中的作品既有来自宫廷贵族的颂歌、骊歌，也有来自社会底层的情歌、悲歌，可以说是孔子之前五六百年间囊括了社会各阶层创作的诗歌作品的一本精选集，不是某一位（类）作家或某一类风格作品的结集，不是统治者用来愚民的宣传文件汇编；二是，那个时代，《诗经》之外，未见有别的诗歌总集。显然，在孔子看来，诗歌无论是对于社会，还是对于个人，都非常有价值；既有艺术审美的欣赏价值，也有知识修养的教育价值。在教育弟子、儿子的时候，孔子都曾经屡次强调《诗经》的作用。有一天孔子独自站在庭院中，孔鲤从他面前跑过，被叫住后问他，温习过《诗经》没有。孔鲤老实回答说还没有温习。孔子就告诉他：“不学好《诗经》，就不可能懂得言谈应对。”还有一次，孔子教训孔鲤：“一个人如果不学好《诗经》中的《周南》、《召南》，就相当于面墙站立，什么也看不见，一步路也走不了。”

从《论语》记载看，孔子对《诗经》是相当熟悉的。《论语》中，孔子在跟学生谈话时，曾经几次脱口引用、背诵《诗经》中的诗句。如：“相维辟公，天子穆穆”（《八佾》，诗句出自《诗·周颂》）；“不忮不求，何用不臧”（《子罕》，诗句出自《诗·邶风·雄雉》）；“诚不以富，亦祇以异”（《颜渊》，诗句出自《诗·小雅·我行其野》）。事实上，《诗经》是孔子教育弟子的重要教材之一。《论语》中记载了好几次孔子解答弟子关于《诗经》的问题。例如，有一次子夏问“巧笑倩兮，美目盼兮，素以为绚兮”什么意思，孔子告诉他是“以白色打底，再上颜色”的意思（《八佾》）。孔子也曾因为弟子正确地理解了《诗经》的诗句，而加以肯定乃至赞扬。例如，子贡有一次因为正确地引用了“如切如磋，如琢如磨”，孔子就对他说：“赐（子贡，姓端木，名赐）啊，可以跟你讨论《诗》了，告诉你一个道理你就能知道其他道理了。”（《学而》）其实，对于《诗经》，孔子不但熟悉，而且非常有研究。孔子自己就曾经说过这样的话：“吾自卫返鲁，然后乐正，《雅》、《颂》各得其所。”可见，孔子对《诗经》做过校订工作——根据音乐校正诗句错误。司马迁所言孔子删诗——即对《诗经》重新进行编订，虽然遭到了许

多学者的反对，几乎可以说被彻底否定了。但是，孔子对《诗经》作过研究，这是不成问题的。

纵观孔子一生，为人处世，言谈举止，经常可以看出，他是相当有诗人气质，具备诗人语言修养的：孔子办学，上课的地点经常不是教室，而是山上、水边、树下；跑到齐国原本是为了谋求仕进，但是一听到《韶乐》，立即全情投入，学习演奏技能；做到大司寇代理外事傧相了，却因为鲁国国王接受了齐国女子乐队，愤然离开鲁国，踏上周游列国的道路；周游列国期间，历尽坎坷，屡涉险境，落魄时分，被人讥笑为丧家之狗，但是他依然乐此不疲，一游就是十多年……当然，最能反映孔子诗人气质的，还是他的几次抒情性言论。有一次，不知道什么事情触发了他，孔子发出了这样的感慨：“饭疏食饮水，曲肱而枕之，乐亦在其中矣。不义而富且贵，于我如浮云。”（《述而》）有一次站在河边，孔子说出这样一句话：“逝者如斯夫！不舍昼夜。”（《子罕》）这些话，实在都是很地道的诗歌语言。还有一次，众弟子侍坐，孔子让他们说出各自的人生理想。当曾皙说自己理想的生活是“暮春者，春服既成，冠者五六人，童子六七人，浴乎沂，风乎舞雩，咏而归”时，孔子立即表示赞同（《先进》）。这又可以看出，孔子也跟一般诗人一样，喜欢登山临水，向往自由自在的生活。这跟山水田园诗派的创始人陶渊明，何其相似乃尔。

以上种种情况，都说明，孔子距离诗人，只隔着一层薄薄的纸。然而，孔子终于没有捅破这一层薄纸，成为诗人。原因何在？我不揣谫陋，姑且做如下几点推测：

其一是，孔子时代，写诗尚未成为文人士大夫的一项人生事业。中国诗歌虽然源远流长，早在孔子之前，就已经有许多优秀诗作流传于世了——《诗经》就是最好的证据。但是，把诗人的名字跟诗歌作品紧密联系在一起，则始自楚国人屈原（公元前340—前278年），晚于孔子（公元前551—前479年）近二百年。再者，屈原之所以成为最早的署名诗人，很可能也是由于喜爱他的楚国百姓的口耳相传，屈原本人并无做诗人的心思。最早有意识地把做诗看作人生能够藉以不朽的事业，始于汉末的曹操父子。曹丕在《典论·论文》中说：“盖文章经国之大业，不朽之盛事。”

其二是，孔子没有立下做诗人的志向。孔子一生的最大理想，就是恢复古代圣贤周公等人创立的礼乐治国思想体系，并且将其付诸实施。也就是说，在孔子那里，政治理想始终高于学术理想和文学创作理想。

其三是，孔子的写作观失之偏颇。孔子对于创造性的写作——创作，显然并无特别的兴趣。他曾经表示，自己是一个“述而不作，信而好古”之人（《述而》）。他晚年回到鲁国之后，研读、整理《易》、《诗》等古代文献，遵循的也都是述而不作的原则。

其四是，孔子时代，写诗还是一件没有任何回报的事情，既无法把它当作谋生手段，也不能将其作为名山事业。孔子一生的大多数时间，并非“体制内”人物，他是自由职业者，果腹、谋生问题始终摆在他的面前，容不得他整天去推敲诗句。孔子当然也有垂名后世的想法，但是，他的方法是广泛招收弟子和撰写《春秋》一类学术著作，文学创作，尤其是诗歌创作，不在他的考虑范围之内，或者说，入不了他的法眼。

假设历史，无用但有趣：倘若孔子突发奇想，成了诗人，他日后恐怕就成不了千古膜拜的圣人。因为，诗人思想中的自由不羁成分，是历代统治者所不喜欢的东西。

## 孔子不善于比喻

比喻，是一种很常见的修辞格。作为一种语言艺术手法，它有一些基本的要求。比如说，喻体跟本体之间要有某种特征上的相似性；用于比喻的语言单位，表义应该形象、生动，令人过目不忘；用于比喻的词语，感情色彩、风格色彩，须跟所表达的意思相和谐；等等。

### 1

从《论语》中看，孔子是个非常喜欢使用比喻修辞格的人。总字数不到两万的《论语》中，孔子使用比喻修辞格已经多达二十次以上。但是，不得不指出，孔子实在是不太会使用这种修辞格的。

下面几例，算是用得比较好的：

子在川上，曰："逝者如斯夫！不舍昼夜。"（《子罕》）

这是孔子最有诗意的一个比喻。把逝去的时光、人物，比作流水，日夜不停地在消逝着，比较恰当。

子曰："譬如为山，未成一篑，止，吾止也；譬如平地，虽覆一篑，进，吾往也。"（《子罕》）

这一番话，孔子是为了表明这样的态度：做事尽管付出了巨大的努力，但只要功亏一篑，便不值得称道；而勇于开始，哪怕只是迈出了第一步，也值得赞扬。以造山、平整地面比喻做事情，是可以的。

子曰："由之瑟奚为于丘之门？"门人不敬子路。子曰："由也升堂矣，未入于室也。"（《先进》）

升堂入室，后来成为成语。用升堂、入室比喻一个人（这里指子路的鼓瑟）技艺造诣的水平和阶段，形象，生动，贴切。

子曰；"苗而不秀者有矣夫！秀而不实者有矣夫！"（《子罕》）

这是孔子因人或因事发表感慨。我同意如下说法：这是因为颜回早逝而发出的感慨，伤感。把早逝的颜回比作庄稼禾苗（小苗没有长成茁壮的植株，植株没有开花结果），这个比喻不错。

2

但是，如上用例并不多。更多的是，有这样那样问题的比喻。请看：

子曰："为政以德，譬如北辰，居其所而众星共之。"（《为政》）

这个比喻的问题是，喻体跟本体的对应不清楚。本体"为政以德"，对应的喻体究竟是"北辰""北辰居其所"还是"北辰居其所而众星共（拱）之"，并不清楚。大多《论语》注释家都在"北辰"后断句，等于把北辰（北极星）当作喻体。而从语义对应上看，喻体应该是"北辰居其所"。但是这也有个问题，"而众星共之"成了冗余。

子游问孝。子曰："今之孝者，是谓能养。至于犬马，皆能有养；不敬，何以别乎？"（《为政》）

这一番话中，把"今之孝者"比作犬马。但是，这是违背常识的。在赡养父母、尽孝道一事上，犬马跟人类根本不具有可比性。犬、马只有父母对子女的哺乳、抚养，没有子女对父母的赡养。这一点上，犬马不如乌鸦，据说乌鸦有反哺行为。称犬马"皆能有养"，是错误的。

子曰："人而无信，不知其可也。大车无輗，小车无軏，其何以行之哉？"（《为政》）

把人的没有信用比作大车无輗、小车无軏，简化一下，等于把信比作輗和軏。輗、軏是什么？是古时候连结车辕和横木的一个重要部件，关键。也许孔子那个时代，交通主要靠马车、牛车，周游列国，整天离不开大车小车的孔门师徒，对輗和軏并不陌生。但对一般人来说，恐怕还是有些陌生的。

子贡问曰："赐也何如？"子曰："女器也。"曰："何器也？"曰："瑚琏也。"（《公冶长》）

孔子有"君子不器"的观点。意思是说，君子不应该只是具有某种固定用途的器具。但是，这里却把子贡比喻作（说成）一种器具。子贡不明白孔子指什么，需要接着问，是什么器具。孔子告诉他，是瑚琏，一种盛放黍稷的器皿。不知道子贡明白了孔子的意思没有。反正，我是不理解的。即使有训诂学家告诉我们，在祭祀器皿中，瑚琏地位尊贵，也仍然不太明白。喻体隐晦，是使用比喻修辞格的忌讳。

宰予昼寝。子曰："朽木不可雕也，粪土之墙不可杇也，于予与何诛。"子曰："始吾于人也，听其言而信其行；今吾于人也，听其言而观其行。于予与改是。"（《公冶长》）

把宰予比作朽木，比作粪土之墙，猛一看，情绪饱满，非常有力度，淋漓痛快。但是，结合上下文，总觉得孔子有点小题大做，对弟子责骂过严。宰予不就是偷懒睡个午觉吗，不至于要骂得如此难听。请注意，宰予并不是"扶不上墙的烂泥巴"，他是"孔门十哲"之一。令人不禁怀疑，孔子这次发怒是另有缘故——这可是孔子本人很反感的"迁怒"行为哦。

子谓仲弓曰："犁牛之子骍且角，虽欲勿用，山川其舍诸？"（《雍也》）

这句话的意思是：杂毛耕牛的犊子，有着赤色的毛，整齐的角。虽然人们不想用它来做祭祀的牺牲品，但山川之神是不愿意放过它的。按照朱熹的说法，孔子这一番话是针对弟子冉雍（仲弓）说的。那么，当着冉雍的面把他父亲比作耕牛，实在是有些奇怪。

子曰："岁寒，然后知松柏之后凋也。"（《子罕》）

这是一句名言了。但是，认真计较起来，喻体是有问题的。孔子说这话，显然是为了赞美君子的品德。按理，用来比喻的，应该是完美的事物。松树、柏树的叶子固然能够经冬犹绿，但这类乔木中，除了雪松、白皮松、侧柏等几个品种外，大多有材质不坚或树冠欠美的缺点。还有，松树到秋冬，叶子也会掉落很多。总之，用松柏比喻君子品德，其实不是很理想。尽管历来有人跟着赞美松柏，尤其是革命者，赞美其挺拔、坚定的品性。事实上，文人雅士似乎也不怎么买孔子的账。“岁寒三友”中固然有松（其他二友是竹、梅），但到“四君子”（梅兰竹菊）谱，就没有了。

子贡问为仁。子曰：“工欲善其事，必先利其器。居是邦也，事其大夫之贤者，友其士之仁者。”（《卫灵公》）

用工匠为了做好器具一定要先把工具准备好作比喻，说明身处异国时结交贤明大夫和仁义之士的重要性，本体和喻体，用于比喻的特性不能很好地对接。用工具比喻大夫、士人，有点不伦不类；再说，跟孔子自己一直提倡的“仁者爱人”思想，也有抵牾。

孔子曰：“见善如不及，见不善如探汤。吾见其人矣，吾闻其语矣。隐居以求其志，行义以达其道。吾闻其语矣，未见其人也。”（《季氏》）

用探汤比喻避恶，本身就有问题。试探热水（汤），只是动作比较小心谨慎而已，还是需要接触到手指、肌肤的。不善的人或事，应该避免接触，最好远离，避之则吉。表达这个意思，汉语中有更好的比喻，叫：避之如寇仇。还有，见不善用比喻，见善没用比喻，没有对称平衡之美，也不符合中文的审美习惯。

子之武城，闻弦歌之声。夫子莞尔而笑，曰：“割鸡焉用牛刀？”子游对曰：“昔者偃也闻诸夫子曰：‘君子学道则爱人，小人学道则易使也。’”子曰：“二三子！偃之言是也。前言戏之耳。”（《阳货》）

拿割鸡用牛刀比喻用礼乐管理城邦，本身没有问题。但是，这比喻暴露了孔子的野心：他其实是瞧不起治理武城这样的小城市的。而且，这也跟他一贯宣扬的礼乐治国、使唤民众的思想相矛盾。因此，在弟子子游（大名叫言偃）予以指出后，孔子马上意识到了自己的失态，假装是开玩笑，给掩饰了过去。

> 子谓伯鱼曰："女为周南召南矣乎？人而不为周南召南，其犹正墙面而立也与？"（《阳货》）

把没有读《诗经》中的《周南》《召南》，比喻为面对墙壁站立，意思是不清楚的。面对墙壁站立，可以是看不见远处的意思，也可以是无路可走的意思，还可以是面壁思过的意思。因此，孔子这里到底想要表达什么意思，难以了解。我们还可以根据《周南》《召南》多数诗篇的内容是关于男女夫妇的，推测可能是因为孔鲤要休妻，孔子给他某种提示。但是，孔子原意到底是什么，谁也不知道。

> 子曰："色厉而内荏，譬诸小人，其犹穿窬之盗也与？"（《阳货》）

把色厉内荏之人比喻为挖墙洞偷东西的盗贼，本体、喻体之间，看不出有什么相同的特征。盗贼挖墙洞，通常都是在夜晚、暗处进行，表情、神态他人是看不到的；而色厉内荏之人，表情、神色则一目了然。一个在明处，一个在暗处，截然不同。

> 长沮、桀溺耦而耕，孔子过之，使子路问津焉。长沮曰："夫执舆者为谁？"子路曰："为孔丘。"曰："是鲁孔丘与？"曰："是也。"曰："是知津矣。"问于桀溺，桀溺曰："子为谁？"曰："为仲由。"曰："是鲁孔丘之徒与？"对曰："然。"曰："滔滔者天下皆是也，而谁以易之？且而与其从辟人之士也，岂若从辟世之士哉？"耰而不辍。子路行以告。夫子怃然曰："鸟兽不可与同群，吾非斯人之

徒与而谁与？天下有道，丘不与易也。”（《微子》）

把避世的隐士长沮、桀溺，比作鸟兽，我认为有失风度。一个嘴上挂着君子、礼乐、人不知而不愠的儒者，把隐居民间的高人（他们只不过不愿意告诉孔门师徒路径而已，并没有使用任何不文雅的词语）比作鸟兽，至少是不够斯文吧？不知道子路当时是怎么想的。

### 3

孔子不善于使用比喻修辞手法，但其弟子中有修辞的高手，那便是子贡（大名叫端木赐）。请欣赏子贡的几个比喻：

子贡曰：“有美玉于斯，韫匵而藏诸？求善贾而沽诸？”子曰：“沽之哉！沽之哉！我待贾者也。”（《子张》）

把孔子比作美玉，把隐居比作韫匵而藏，把伺机出仕比作待价而沽，无不恰当熨帖。而且，三个比喻，自成有机套装，一气连贯。

子贡曰：“君子之过也，如日月之食焉：过也，人皆见之；更也，人皆仰之。”（《子张》）

把君子比作日月，把君子的过错比作日月之蚀。赞颂的意思，形容影响力之大，都恰到好处地表达出来了。

叔孙武叔语大夫于朝，曰：“子贡贤于仲尼。”子服景伯以告子贡。子贡曰：“譬之宫墙，赐之墙也及肩，窥见室家之好。夫子之墙数仞，不得其门而入，不见宗庙之美，百官之富。得其门者或寡矣。夫子之云，不亦宜乎！”（《子张》）

用围墙比喻一个人学识、品德的外围，新颖，但易懂。围墙随学识、品德而有高低的不同，以此说明孔子的学识、品德不易为人所知，正是因为他的学识太渊博，品德太高尚。这个比喻，形象地说明了孔子的伟大之处。

> 叔孙武叔毁仲尼。子贡曰：“无以为也，仲尼不可毁也。他人之贤者，丘陵也，犹可踰也；仲尼，日月也，无得而踰焉。人虽欲自绝，其何伤于日月乎？多见其不知量也！”（《子张》）

用丘陵比喻贤人，用日月比喻孔子，这是一层，说明孔子大大高于贤人的境界；接着，以人力无损于日月，说明他人的毁谤对孔子没有丝毫损害，说明毁谤者的不自量力。歌颂、谴责两种意思，非常明确，准确。



4

也许，孔子生前，已经有人批评他不善于使用比喻修辞格。无奈之下，他只好回答一句“辞达而已”。意思是，修辞，能够表达意思就可以了。问题是，如上文所述，孔子使用修辞手法，经常不能很好地表达他的意思。呵呵！

## 孔子真的有教无类吗?

《论语·卫灵公》记载孔子一句话，叫做“有教无类”。所谓无类，是指不分类别。都有哪些类别？前人指出来的有尊卑、贫富、善恶等。再加上“自行束修以上，吾未尝无诲焉”（《述而》），一般认为，这是孔子教育思想的重要组成部分，不分贫富贵贱、聪明愚笨，所有人都应该享有接受教育的权利。我认为，这种说法有上纲上线、拔高孔子之嫌，还不如说，这是孔子关于招生对象的说明，即：谁都可以成为他的弟子。

孔子招生条件，的确是相当宽松的。年龄、国籍、智商，似乎都不怎么要求。因此，弟子中，年龄相差可以多达四十余岁。例如，子路只小孔子九岁，而公孙龙小孔子五十三岁。同时跟孔子周游列国的优秀弟子中，子路比颜回大二十一岁，比子贡大二十二岁。论年龄，颜回、子贡可以叫子路叔叔了。当然，大部分弟子比孔子小二三十岁。国籍上，也不限于鲁国，各国都可以。例如，子贡是卫国人，言偃（子游）是吴国人，公冶长是齐国人。智商方面，门人总数多达三千，智商难免有参差。颜回、子贡、子张等人是聪颖过人，而高柴、曾参等人，却比较迟钝。总之，孔子招收弟子，门槛的确不高。

但是，有教无类的说法，仍然有夸张失实之嫌。

半开玩笑的论据是：孔子没招女生；

不开玩笑的论据是：孔子招生注重相貌。

孔子招生注重相貌的问题，是在澹台灭明身上暴露出来的。

《史记·仲尼弟子列传》有如下记载：比孔子小三十九岁的武城人澹台灭明，因为“状貌甚恶”，“欲事孔子，孔子以为材薄。既已受业，退而修行……”。仔细体会，是有如下意思的：澹台灭明想要拜孔子为师，但是，孔子因为他相貌丑陋，认为他没有什么才华，不愿意接收他。后来，因为某种缘故，孔子终于接收了他。

什么缘故呢？我们可以猜测是因为澹台灭明态度诚恳，锲而不舍。

但是，孔子在勉强接受澹台灭明为弟子后，也没有加以重视。很可能，澹台灭明连接近孔子的机会都没有。数年的孔门求学，根本无由亲炙，只能通过其他弟子的转述，了解孔子的学说。自然，孔子对这个弟子，也不会有多少印象。

《论语·述而》记载，子游做武城长官（宰）时，孔子问他有没有发现人才。子游回答说：“有个叫澹台灭明的，平时走路都不走捷径。不是为了公事，从来不曾到过我的房间。”

这个事情，大概发生在澹台灭明结束孔门学习“开始工作”之后。因为子游的介绍，孔子这才回忆起来，自己从前对澹台灭明判断的错误。因此，他说了句“以貌取人失之子羽”（子羽是澹台灭明的字）的话。虽是后知后觉，也算得勇于承认错误。

幸好，孔子终于接收了澹台灭明。否则，他将失去一位日后在吴越地区广招门徒、传承儒学、卓有建树的弟子。《史记》记载，澹台灭明“南游至江，从弟子三百人，设取予去就，名施乎诸侯”。

需要指出的是，司马迁把孔子说“以貌取人失之子羽”这句话，放在澹台灭明成名之后，这是不对的。澹台灭明比孔子小三十九岁，孔子去世时，他才三十四岁。子游在武城做长官时，澹台灭明是他的僚属。按照《史记》的说法，子游少孔子四十五岁。就是说，子游比澹台灭明还小六岁。假如子游做武城宰时才二十五岁，澹台灭明也已经三十一岁了。即使澹台灭明当年就离开武城，到吴越一带从事教学活动，两三年的时间，便华丽转身，取得如此成就，是难以想象的事情。

回归本题，澹台灭明得以成为孔门弟子的情况，说明孔子开门办学，招收弟子也是有所考虑的，并非彻底的来者不拒。

贰

# 孔门弟子

## 圣人之门有是非

有句俗话，叫：寡妇门前是非多。其实，圣人门内也并非一味地月白风清，也有阴晴圆缺，有是非。

孔门弟子那么多，年龄差距那么大，出身不同，贫富有别，性情各异，分歧、矛盾、冲突在所难免。但是，《论语》不是批判现实主义的作品，无意揭露阴暗面，无意自曝家丑——实际上，它是以歌颂孔门师徒、宣扬儒家学说为目的的。因此，同门弟子间的分歧和矛盾、冲突，基本上都不在记载范围。不但弟子间的矛盾冲突不在记载范围，记载弟子间交集情形也不多。不得不说，这是非常可惜的事情。那样一个思想自由、活跃的时代，一群好学的人，来自五湖四海，聚集到孔子门下，切磋学问，探讨思想，登山临水，乘着马车，周游列国，到处吃闭门羹，漫漫十余年的时间，得发生多少有趣的事情！

所幸，《论语》还是留下了一些弟子间矛盾冲突的印记。

孔子可能世故，但不圆滑。实际上，他相当单纯，相当直率。证据之一是：他喜欢在弟子间作比较，作褒贬，不留情面。

一天孔子对颜回说："得到聘任就把事情做好，没有得到聘任就安心自处，韬光养晦。能做到这样的，只有我和你两个吧。"子路听了不服，就说："指挥三军，您愿意带谁去？"显然，子路自认勇敢且有军事才能，孔子一定会夸一下自己。却不料，孔子并不顺水推舟，送人情给他，而是说："只有暴虎冯河那种匹夫之勇，死了都不后悔的人，我不愿意跟他一起。我愿意带的，一定是遇事懂得惧怕，能通过谋划取得成功的人。"神经再大条，子路碰这一鼻子灰，心里应该是不痛快的。

孔子问子贡："你跟颜回比，谁更好些？"子贡回答说："我怎么敢跟颜回相比呢？颜回闻一知十，我端木赐只能闻一知二。"孔子对子贡的回答很满意，说：“你真的不如他啊！我同意你的看法，你不如他。”也有人认为，孔子的后一句话应该理解为“你真的不如他！我跟你，都不如他。”不管哪一种理解，这对子贡而言，都不可能是一次愉快的谈话。颜回也许真的很优秀，是公认的首席学霸。但子贡也不是学渣，他的语言修养、外交手腕、经营理财头脑、审时度势能力，都是颜回这个书呆子望尘莫及的。子贡这样的经世大才，以其自信的性格，他会如此谦恭自抑吗？他不过是揣知孔子问话的意图，迎合他老人家一下，哄他开心而已。当然，孔子这样做，也不妨理解为激将法，为了刺激子贡更加努力地学习。

假如这样的对话，只有这一次，问题不大，子贡可能不会介怀。但是，孔子拿子贡与颜回作比较，显然不止这一次。还有一次，孔子感慨道：“颜回已经接近成熟完美了，但是，不免于贫穷；子贡喜欢自作主张，但是理财的时候，每每料事如神，能够如其所愿。”事实已经充分证明，真正有才能的人是子贡了，孔子还在那里替颜回抱屈，觉得子贡的成功有侥幸成分。如果子贡足够大度，可以一笑了之；如果子贡较真，心里会认为孔子缺少识人的慧眼。

做教师的，大多喜欢这样把学生拿来比较。受褒扬的，自然是洋洋得意；而遭贬抑的，不免于心中郁闷。而像孔子这么一番话：“高柴（子羔）死板，曾参鲁钝，颛孙师（子张）过分注重外表，仲由（子路）鲁莽。”谁听了都不会快乐。

诸侯小国鲁国的执政大夫季氏家族，财富已经超过大国周朝的执政大臣周公了，而冉求在做他家臣的时候，还在替他聚敛财富。孔子于是对其他弟子说：“他不是我的弟子。你们尽可以敲锣打鼓地去抨击他！”孔子这样说，可能有玩笑的成分，但也是真实的想法。这样说，一定会让冉求觉得遭孤立了。孔子有一次开玩笑地批评了一下子路的鼓瑟技艺，马上，其他弟子就对子路不恭敬起来。孔子无奈，只好声明，子路的鼓瑟技艺，虽然没有入室，但已经升堂，相当不错了。这说明，孔子的随口褒贬，对弟子是有相当影响的。

弟子间的直接冲突，《论语》中也有记载。《子张》篇记载了言偃（字子游）跟颛顼师（子张），跟卜商（字子夏）之间的冲突。

子夏的弟子向子张请教交友的问题。子张问他：“你老师子夏怎么说的？”得到的回答是：“值得交往的跟他们交往，不值得交往的就拒绝他

们。”子张说：“跟我从孔夫子那里听到的说法不一样：君子应该尊敬贤者，同时宽容庸众，褒扬好的，鼓励差的。如果自己是有智慧的人，对别人没有容忍不了的；如果自己是没有智慧的人，别人就会拒绝我们，哪里有机会拒绝别人呢？”同一个老师，教出的弟子，思想已经有了分歧。子张跟子夏，有了分道扬镳的兆头。

有一天子游说：“子夏的弟子小子们，做打扫庭院、迎送宾客之类的事情，是可以胜任的。但这些都是细枝末节的小事，重要的根本的方面，就没有了。这可怎么办？”这明显有攻讦的意思了。子夏听后，当然大为不满，进行了反击：“呸！言游说错了！君子的教学之道，什么先传授，什么先厌倦呢？好比草木，是有区别的。君子的为人，怎么可能如此随便污蔑他人呢？由易入难，本末兼修，有始有终，这才是圣人呢！”

子游对子张也不以为然。他这样评价这位同学：“我的同学子张啊，已经算是难能可贵的了。但是，仍然没有达到仁的境界。”

有人为孔门弟子之间发生分歧、矛盾、冲突，感到遗憾，认为有损圣门盛德。我却认为，这是好事。原因有二：一是，这说明，孔子的学说思想原本是丰富多彩的，有兼收并蓄的空间，有绵延不绝的生命力；而不是单调乏味，无从分化的僵死教条。二是，分歧、矛盾、冲突，有利于各家发挥聪明才智，使各自的思想体系更加完善，更加成熟，有利于扩大儒学的影响。不难想象，如果孔子死后，儒学没有分派（韩非子有战国时期儒分八派的说法：子张之儒、子思之儒、颜氏之儒、孟氏之儒、漆雕氏之儒、仲良氏之儒、孙氏之儒、乐正氏之儒），后来就不可能相互促进，相互激励，人才辈出，获得那么高的地位，形成那么大的影响。

## 孔子死后的一出孔门闹剧

孔子去世的时候，大概仍有许多弟子尚未结束学业，有课业需要继续求教；已经结束学业但仍经常出入孔府的部分弟子，心里一时也接受不了老师的突然离去，思念之情需要有个寄托。

这种情况下，孔门弟子竟然合计出了一个馊主意：因为有若相貌长得像孔子，于是便拥戴他为老师，像当初对待孔子那样对待他。

弟子们的这种做法，倘若孔子泉下有知，非被“死死气活”不可。这种做法，至少有两点，弄虚作假和树立偶像，都是孔子所深恶痛绝的。没准他老人家会再一次爆出“始作俑者，其无后乎”之类的粗口。

如果这出闹剧没有及时收场，天长日久，有若真的把自己当成了孔子，乐在其中，陶醉其间，但仁德学识又都不能配其名位，难免要做出种种可笑可恨之事；或者，众弟子习惯了有人扮演自己的老师，乃至于奉若神明，必然渐渐丧失求知思考的能力；有若死后，孔门制定出一项制度，寻找相貌酷似者，代代相传，称为一世二世三世，没完没了……长此以往，堕入异端，混同宗教，还怎么宣传礼乐思想，传播文化知识呢?

所幸，这出闹剧很快便被终止了。

终止的原因是：有若不能像孔子那样，解答弟子的问题。换言之，有若没有孔子那样的学识。具体情形是：有个弟子向有若请教，“从前有一次孔夫子出门，让弟子带着雨具。不久，果真下起雨来。弟子问夫子怎么知道会下雨的。夫子引用《诗》句‘月离于毕，俾滂沱矣’（月儿投入毕星，是下雨的征兆），说‘昨晚不是正好月亮投入毕星吗？’”但是，别的时候，月亮也是出现在毕星那里，却没有下雨。商瞿（子夏）年龄老大，却没有子嗣。他母亲于是准备为他纳妾。孔子出使齐国，子夏母亲向他请教。孔子告诉他不必担心，子夏四十岁以后能生五个日后有出息的儿子。后来，果如其言。弟子问有若，孔夫子为何能未卜先知。有若无言以对。于是，弟子便起身说：“有若走开，这不是你的位子！”（事见《史记·仲尼弟子列传》）

合理想象一下：当时在将有若树立为孔夫子替身一事上，孔门弟子间是有分歧的。发难的弟子，是反对将有若树立为孔夫子替身的做法的。

如果没有这个反对者，如果这个反对者不能想出这个有效的驱逐有若的方法，闹剧就可能持续下去，后果不堪设想。

## 孔子为何对颜回评价最高?

众所周知，颜回是孔子最得意的弟子。他逢人便夸颜回好学，有德行，

颜回的所思所想，孔子几乎无一不表示赞赏的。《论语》中，记载孔子夸赞颜回的，就有十几处之多。

鲁哀公问孔子哪个弟子最好学，孔子告诉他，颜回最好学，自从颜回死后，就再也没有那么好学的弟子了（《雍也》）。回答季康子同样问题时，也有类似的回答（《先进》）。

有一次，孔子问子贡，跟颜回相比谁更优秀。子贡说自己不敢跟颜回相比，颜回闻一知十，自己只是闻一知二。孔子听后，表示认同子贡所说（《公冶长》）。

孔子搞过门下弟子德行、言语、政事、文学四个科目的排行榜，颜回名列德行榜榜首（《先进》）。

那么，颜回究竟有哪些优点，让孔子如此地赏识，赞不绝口呢？

根据孔子言语之间透露出来的信息，我将其概括为如下七点：

第一，喜欢并善于学习。孔子认为，弟子中，颜回是最喜欢学习的。他曾说，自己只看见颜回在不断进步，从未看见他停步不前；弟子中，听自己说话始终不懈怠的，只有颜回一个（《子罕》）。他同意子贡对颜回学习上能“闻一知十”的评价（《公冶长》）。

第二，处事理性有原则。自己做错事，或者心情不好，他不会迁怒于人（《雍也》）；“用之则行，舍之则藏”，即得到任用时，能好好干，没得到任用时，也可以过隐居生活。孔子认为，这一点，只有自己和颜回做得到（《述而》）。

第三，善于总结经验，吸取教训。同样的错误，他不会犯第二次（《雍也》）。

第四，追求道德完善，精神充实，不注重物质享受。孔子评价颜回，说他的心可以长久地不离开仁德，别的学生，只是短时期内偶尔想起仁德（《雍也》）；他可以过贫寒生活而感到快乐，即“一箪食，一瓢饮，在陋巷，人不堪其忧，回也不改其乐。”（《雍也》）

第五，能够对孔子有所启发。孔子曾说，跟颜回说一整天的话，他也不会有半句不同意见，好像很愚笨。但是，回头想一想，又发现颜回的话对自己还是有所启发的，颜回其实并不愚笨（《为政》）。

第六，十分尊敬老师，遵循老师教诲。孔子说，颜回对他讲的话，没有不喜欢的，还说他对自己就像对待父亲一样（《先进》）。颜回请教仁的含义，孔子告诉他克己复礼为仁。颜回问具体要求，孔子说“非礼勿视，非礼勿听，非礼勿言，非礼勿动”。颜回表示，自己要努力奉行老师的说法（《颜渊》）。

第七，有幽默感。孔子在匡国被围困，颜回最后赶到。孔子说“我以为你死了呢”，颜回说“老师还活着，颜回怎敢先死？”（《先进》）

以上七点，几乎就是整套的圣贤标准。符合这些标准的人，无论在什么地方，什么时代，大约都是属于人见人爱、花见花开的类型。

但是，《论语》和《史记》中的两段文字，不禁使人想到这样一点：孔门弟子中，颜回是最善于拍孔子马屁的一位。

《论语·子罕》记载，颜回这样赞叹他的孔老师：“仰之弥高，钻之弥深。瞻之在前，忽焉在后。夫子循循然善诱人，博我以文，约我以礼，欲罢不能。既竭吾才，如有所立卓尔。吾欲从之，末由也已。”颜回话里，孔子是泰山北斗，是世间最博学、最有耐心、最循循善诱、无所不在、须臾不可离开的伟大导师。

《史记·孔子世家》记载，孔子率众弟子周游列国，在陈蔡之间被围困在旷野之中，粮尽人病，陷入绝境。面对这种情况，孔子本人，还在那里继续讲课、弹琴、唱歌。但是，子路、子贡等弟子却都非常不满，纷纷跑去质问孔子，他的学说是否错了。换言之，他们对孔子那一套儒家理论的信念产生了动摇。这个时候，只有颜回一个人，依然表示，对孔子的学说深信不疑。在回答孔子“我的学说错了吗”“我们为什么被困在旷野中”两个问题时，颜回是这样说的：“您的学说太伟大了，所以天下没有容纳得下的。尽管如此，您还是一直在努力推行自己的学说，容纳不下有什么关系呢？容纳不下，才证明您是君子！学说不够完善，是我们的耻辱。学说已经完善而得不到采用，那是君主们的耻辱。容纳不下有什么关系，容纳不下才证明您是君子！”这一番宽心话，说得孔子烦恼顿消，心花怒放，一反常态说了这么一句话：“说得太好了，老颜家的儿子！倘若你是富豪，我愿意给你做管家。”

颜回不但没能成为富豪，因为家境贫寒，营养不良，他才三十来岁就夭

折了。他父亲颜路给他料理后事时，连棺椁都置办不起。

孔门弟子中，有的是将相、栋梁之才。例如，子贡、子路、宰我、冉有等人，都是出将入相之才。但是，孔子却如此对颜回情有独钟，赞不绝口。我认为，这反映了孔子办学理念和人才衡量标准存在的问题：太注重学生的学习态度，忽视了学以致用的教育；太注重学生的品德修养，忽视了工作能力的培养。有一次，孔子大发感慨说，颜回的学问道德都很好，可是常常穷得揭不开锅；子贡不安本分，但囤积投机，往往能够成功（《先进》）。如果说子贡是积极进取善于创新的人，那么，颜回则是一个不求有功但求无过的人。有一天，颜回、子路呆在孔子身边，孔子让他们各言其志。子路说自己愿意把车马衣服跟朋友们分享，损坏了也不觉得遗憾。颜回说不夸耀自己的好处，不张扬自己的功劳。很显然，颜回有独善其身的倾向。

说一句老实不客气的话，《论语》中之所以有那么多赞美颜回的话，我认为跟颜回早死不无关系。这说明，圣人之门，也不能免“诬生谀死”之俗；嫉妒之心，圣人师徒也有。

## 颜回早逝的原因

### 缘起

颜回，这个年纪比孔子小三十岁、二十九岁上白了头、享年三十一岁的弟子，在号称总数多达三千名的孔门众弟子中，有着独特而崇高的地位。生前，曾多次受到孔子的赞扬，名列“孔门四科”德行科之首。评价之高，无出其右者。死后，令孔子悲痛欲绝，一再表达悼念之情。身后，韩非子在著作中将其列为儒家八派之一，三国魏正始元年（224）开祭孔时配享从祀之例，唐朝开元八年（720）被封为“孔门十哲”之一名列首位、“亚圣”，明朝嘉靖九年（1530）被封为“复圣”。

这样的一个人——不，实际上他早已升格为圣人乃至神人——我们现在来探讨他的缺点，恐怕是会引起人神共愤的。按照明哲保身的古训，人云亦云，保持沉默，都是不错的选择。

但是，《孟子·公孙丑》引用孔子儒学传人曾子所言，孔子是“自反而缩，虽千万人吾往矣”。如果自己觉得理直的，应该气壮，纵使面对千万人的反对，也要勇往直前。正是因为孔门、儒家有这种勇于捍卫真理的理论和告诫，我这里来唱一支千古反调：颜回其实也是有缺点的。可能正是这种缺点，直接导致了他的早逝。

## 孔子对颜回的赞扬

《论语》一书中，孔子对颜回的赞扬，有三个特点：一是次数最多，二是评价最高，三是感情最深。

请看：

《为政》：子曰：“吾与回言终日，不违如愚。退而省其私，亦足以发。回也，不愚。”

《雍也》：哀公问：“弟子孰为好学？”孔子对曰：“有颜回者好学，不迁怒，不贰过。不幸短命死矣！今也则亡，未闻好学者也。”

《雍也》：子曰：“回也，其心三月不违仁，其余则日月至焉而已矣。”

《雍也》：子曰：“贤哉，回也！一箪食，一瓢饮，在陋巷。人不堪其忧，回也不改其乐。贤哉，回也！”

《述而》：子谓颜渊曰：“用之则行，舍之则藏，唯我与尔有是夫！”

《子罕》：子曰：“语之而不惰者，其回也与！”

《子罕》：子谓颜渊，曰：“惜乎！吾见其进也，未见其止也。”

《先进》：季康子问：“弟子孰为好学？”孔子对曰：“有颜回者好学，不幸短命死矣！今也则亡。”

《先进》季康子问：“弟子孰为好学？”孔子对曰：“有颜回者好学，不幸短命死矣！今也则亡。”

《先进》颜渊死。子曰：“噫！天丧予！天丧予！”

《先进》颜渊死，子哭之恸。从者曰："子恸矣。"曰："有恸乎？非夫人之为恸而谁为！"

《先进》篇，有个【弟子排行榜】。该榜分德行、言语、政事、文学四科，颜回名列最重要的"德行"科的首位。这等于说，在孔子看来，颜回是他最优秀的弟子，是第一名的弟子。

### 孔子对颜回赞扬多、评价高的原因

孔门四科，用今天的学科分类眼光看，不出人文科学、社会科学的范畴。名次排列，不可能有客观、量化的标准，带有相当的主观成分。

孔子之所以对颜回赞扬最多、评价最高、感情最深，除了颜回本人的确在许多方面都出类拔萃、非常优秀（勤奋好学、吃苦耐劳、性格脾气好、坚守仁道、思想深刻等）之外，也可能有如下几个原因：

一是颜回对孔子办学招生曾经起过重要作用。孔子办学之初，生源并不稳定。《论衡·讲瑞》记载："少正卯在鲁与孔子并。孔子之门，三盈三虚，唯颜渊不去。"就是说，孔子有少正卯这个强有力的竞争对手，经常招不到学生。因为颜回坚定不移地拜孔子为师，不曾跑到少正卯那里去过，孔子的生源才得以稳定下来。《孔子家语·弟子解》对此亦有记载，孔子曾感慨道："自吾有回，门人日益亲。"

二是颜回其人不少地方跟孔子相似，思想上有共鸣。《论语·述而》：子谓颜渊曰："用之则行，舍之则藏，唯我与尔有是夫！"《史记·孔子世家》记载，孔子率一众弟子周游列国，被困陈蔡之间，"不得行。绝粮。从者病，莫能兴"。可以说是陷入绝境。子路、子贡等弟子显然都有怪孔子的意思，脸色都很不好看。孔子虽然"讲诵弦歌不绝"，但内心方寸恐怕也是有些紊乱的。因此，依次召见子路、子贡、颜回，个别谈话，讨论他们为什么"匪兕匪虎，率彼旷野"的问题，即为什么活得跟野兽似，混迹于山野间。结果，子路的回答是，可能因为他们在仁智方面修炼不够，使得理论得不到人们的信任和奉行。子贡的回答是，孔夫子的学说太高大了，所以天下容不下他。

子路、子贡的回答，都没能打开孔子的心结，孔子都能找到相反的论据。等到颜回进去，几句话就使孔子郁结的内心豁然开朗：“夫子之道至大，故天下莫能容。虽然，夫子推而行之，不容何病，不容然后见君子！夫道之不修也，是吾丑也。夫道既已大修而不用，是有国者之丑也。不容何病，不容然后见君子！”这一番话，可谓说到了孔子的心坎里，使他顿时有了信心，派子贡前往楚国交涉，师徒一行终于脱离了困境。

三是颜回在孔子面前表现最为谦虚、顺从。《子罕》：子曰：“语之而不惰者，其回也与！”《为政》：子曰：“吾与回言终日，不违如愚。退而省其私，亦足以发。回也，不愚。”颜回不但不愚蠢，他实际上是大智。他挺会说话，嘴上抹蜜。《先进》：“子畏于匡，颜渊后。子曰：‘吾以女为死矣。’曰：‘子在，回何敢死？’”《子罕》颜渊喟然叹曰：“仰之弥高，钻之弥坚；瞻之在前，忽焉在后。夫子循循然善诱人，博我以文，约我以礼。欲罢不能，既竭吾才，如有所立卓尔。虽欲从之，末由也已。”后边这条，简直有马屁精之嫌了。

四是颜回早逝令孔子同情、其他弟子亦不会太介意。如上所引，《论语》中孔子赞扬颜回的话，有些是颜回死后说的。对于死者的赞扬，说的人措辞一般不会吝啬，听的人心态也较为宽容，不会计较，吃醋。

五是孔子借赞扬颜回教育弟子。《先进》季康子问：“弟子孰为好学？”孔子对曰：“有颜回者好学，不幸短命死矣！今也则亡。”“今也则亡”，明显有抚今追昔、悼亡伤今的意味。

### 孔子对颜回有不满意处

看孔子对颜回的评价，如果不仔细、用心体会，自是满眼花团锦簇，得到的是一个品学兼优的学生形象。假如抛开前人成说，冷静、理性地加以审视，其实也不难发现，事实并非如此。

孔子衡量人的标准是有偏颇的。孔门弟子中，子贡的语言、外交、理财能力，子路的勇敢、率真，宰我的独立思考，樊迟的求新求变，都是非常可贵的，都是颜回所缺乏的。而孔子，对他们尤其是后三位，常常是加以严词斥

责。实际上，颜回基本上就是一个典型的书呆子，坐而论道可以，起而行之就乏善可陈了。这样的学生，换一个老师，就无法排名第一。

孔子对颜回的赞扬，也远非面面俱到。孔子赞扬颜回的次数不少，但是他赞扬过的优点，其实不多。归纳起来，基本上就是两点：刻苦好学，谨言慎行。虽然名列【德行】榜的榜首，但缺少令人信服的具体事例。

孔子对颜回，当然是有不满意之处的。

《论语·先进》：“子曰：‘回也非助我者也，于吾言无所不说。’”这个记载，可以作两种理解：一是孔子为有弟子如此服膺、崇拜自己而感到得意，嘚瑟一下；二是孔子对颜回的一味服膺、崇拜，感到不满意，希望他能够于己有拾遗补缺、教学相长的作用。不妨说，这一条，算是孔子喜忧参半的想法。

《孔子家语·颜回》：“颜回问君子，孔子曰：‘爱近人，度近智，为己不重，为人不轻，君子也夫！’回曰：‘敢问其次。’子曰：‘弗学而行，弗思而得，小子勉之！’”“小子勉之”四个字，足以证明，孔子这一回对颜回问“怎样做算是君子”的回答，显然是针对其为人处世的欠缺而说的。“爱近人，度近智，为己不重，为人不轻，君子也夫”（有爱就接近仁了，能料事就接近智，对自己不过分看重，对他人不过分轻视，这样的人就可以说是君子了），这几句话，分别从待人、料事、自知三个方面说明什么是君子。由此可见，作为孔门学霸，颜回大概有待人不够热情、不够有爱心，不善于预测事情发展变化（《论语·先进》：“子曰：‘回也其庶乎，屡空。赐不受命，而货值焉，亿则屡中。’”“屡空”一词，前人多理解为贫穷。但是，从文法上看，它应该跟“屡中”构成反义关系，即“屡不中”，即料事不准。），自我感觉过于良好、不够尊重他人等缺点。“弗学行，弗思而得”（不学习就能去做，不思考就能获得），则是告诉颜回，他有学、思过多的缺点。《论语·为政》子曰“学而不思则罔，思而不学则殆”，那是讲读书和思考的关系的，这里则是批评颜回读书、思考太多，而行动、收获不多。说白了，就是批评颜回是书呆子，缺乏实践、行动能力。

其实，颜回对孔子的敬仰崇拜态度，也足以说明他在孔子眼里不可能是完美无瑕的弟子。“仰之弥高，钻之弥坚，瞻之在前，忽焉在后。夫子循循然善诱人，博我以文，约我以礼。欲罢不能，既竭吾才，如有所立卓尔。虽欲从之，末由也已。”（《论语·子罕》）颜回的这一番“喟然叹曰”，最能反映他对孔子的敬仰和崇拜；同时，也最能透露出颜回在孔子眼里的不足和缺点。

## 孔子回答颜回问仁问为邦

孔子眼里的颜回，不是只有书呆子气的问题。

《论语》中的如下两条材料，特别耐人寻味：

《颜渊》：颜渊问仁。子曰：“克己复礼为仁。一日克己复礼，天下归仁焉。为仁由己，而由人乎哉？”颜渊曰：“请问其目。”子曰：“非礼勿视，非礼勿听，非礼勿言，非礼勿动。”颜渊曰：“回虽不敏，请事斯语矣。”

《卫灵公》：颜渊问为邦。子曰：“行夏之时，乘殷之辂，服周之冕，乐则韶舞。放郑声，远佞人。郑声淫，佞人殆。”

如果是照直转述，前者大致是：颜回向孔子请教什么是仁，孔子告诉他，克己复礼就是仁。具体地说，包括非礼勿视，非礼勿听，非礼勿言，非礼勿动四点。后者大致是：颜回向孔子请教如何治理一个国家，孔子告诉他，要按照夏商周的礼制做，远离色情淫荡和巧舌如簧之人。

这样的两条材料应该如何解读呢？

历来的《论语》注释者都有意无意地避开了这两节孔子答弟子问的针对性问题。喜欢讲孔子针对学生缺点进行教导的朱熹，其《论语集注》中，颜回问仁条下并没有指出孔子是针对颜渊的缺点而发的议论。只是说：“此章问答，乃传授心法切要之言。非至明不能察其几，非至健不能致其决。故惟颜子得闻之，而凡学者亦不可以不勉也。”“凡学者”三字，把孔子针对颜回缺点作答的可能性，不着痕迹地抹了个干净。倒是他的老师程颐，隐约间还有点暗示颜回有这些缺点的意思：“颜子事斯语，所以进于圣人。”这两句话的言外之意：颜回在接受孔子教诲之前，礼仪的自我约束方面是有提升余地的。

倒是清代著名学者陈澧，说到了针对性的问题。颜回问仁条下，陈澧《东塾读书记》：“孔子答诸贤之文，朱注多以为因其失而告之，此未可悉信也……澧谓非礼勿视四语，若以告他人，则亦可谓其人视听言动多非礼，故夫子戒之矣。夫子此告颜渊，可见告诸贤者，非必因其有失业。”不过，陈澧的观点跟朱熹不同，他是反对针对性的。这一条，被他当做反对朱熹所言孔子回答弟子提问“因其失而告之”观点的证据。也就是说，千百年来，只有陈澧明白表示担忧，担忧颜回被黑。

自汉武帝采纳董仲舒的意见，“独尊儒术”“表彰六经”之后，历代的知识分子，基本上都是孔孟的信徒，儒家学术的继承者。他们所津津乐道的，是“孔颜之乐”；他们眼里，孔颜是并列的圣贤；因此，他们不可能去探讨颜回身上有什么缺点的问题。

孔子回答颜回问仁、问为邦是否针对颜回的缺点这个问题，端赖非儒家学说信徒的当代学人来探讨。

众所周知，孔子回答学生提问，经常是有针对性的，或因材施教，或针对弟子的缺点过错。单是《论语·颜渊》中，紧接着颜回问仁条目，仲弓问仁、司马牛问仁，孔子的解答，就都是有针对性的。孔子回答仲弓的是：“出门如见大宾，使民如承大祭。己所不欲，勿施于人。在邦无怨，在家无怨。”仲弓是否有待人接物举止不够庄重、喜欢将自己意志强加于人导致人缘不好，遭人怨恨的问题，不便断言。但是，从他“雍虽不敏，请事斯语矣”的表态看，应该是有这些问题的。回答司马牛的是：“仁者其言也讱。”《史记·仲尼弟子列传》有如下记载：“牛多言而躁，问仁于孔子。孔子曰：‘忍者其言也讱。’”由此可见，孔子用“忍、讱”这两个同音词（意思分别是忍耐、少说话）回答司马牛的问仁，显然是针对他性格急躁、说话太多的毛病。

孔子回答弟子问仁，除了上边几次之外，还有四次。樊迟三次，子张一次。如下：

1.《雍也》：“（樊迟）问仁。曰：‘仁者先难而后获，可谓仁矣。’”

2.《颜渊》：“樊迟问仁。子曰：‘爱人。’”

3.《子路》："樊迟问仁。子曰：'居处恭，执事敬，与人忠。虽之夷狄，不可弃也。'"

4.《阳货》："子张问仁于孔子。孔子曰：'能行五者于天下，为仁矣。'请问之。曰：'恭、宽、信、敏、惠。恭则不侮，宽则得众，信则人任焉，敏则有功，惠则足以使人。'"

这四次，第2条因为高度概括，第4条因为罗列全面，不像是专门针对问仁的弟子。1、3两条，都像是针对问仁学生的。

颜回问仁、孔子解答有两个特点：一是孔子解答既非高度概括，亦非全面罗列，而是具体的意见；二是颜回听后，有自己将努力照办以求改进、提高的表态，不像是得到老师知识性解答后的默不作声，或者表示明白，领会。

因此，我们不妨假设：《颜渊》篇中解答颜回问仁和《卫灵公》篇中解答颜回问为邦时，也有可能是针对颜回身上存在的缺点的。颜回说孔子对自己循循善诱的教育，有两项内容，"博我以文，约我以礼"（《论语·子罕》）。这等于是，颜回亲口告诉我们，孔子所说的"克己复礼""放郑声，远佞人"，就是针对他的。

因此推测：颜回其人，很可能有不懂得自我克制、行为不合乎礼仪、沉溺郑声、交往佞人之类的缺点。至少，投到孔子门下之前、之初的颜回，是这样的。

## 颜回早死原因的大胆猜测

根据上文论述，这里我提出一个大胆的猜测：颜回的夭折，或许跟他在私生活方面不懂节制、沉湎情色，有一定的关系。

关于颜回的死因，可以有这样几种猜测：一、暴病而死；二、穷困而死；三、过劳而死。

因为医疗卫生条件差，古人平均寿命短。一个人死于三十一岁上，很有可能是暴病身亡。但是，从颜回二十九岁时白头这一身体表征看，他不大可能

是突发心脏、血栓、癌症之类的暴病死亡的。

从颜回死后，他父亲颜路无力给他置办外层棺椁看，颜家的家境也许不太好。但是，那个年代，没有出去做官，却上得起学（他父亲颜路也曾是孔子的学生，颜家堪称书香门第），而且跟着孔子周游列国，一走就是十几年，应该也不是赤贫家庭所能承担的。可以肯定，颜回不会是穷困至于缺乏粮食，饥饿而死的。《论语·雍也》：“子曰：‘贤哉，回也！一箪食，一瓢饮，在陋巷。人不堪其忧，回也不改其乐。贤哉，回也！’”这一条记载，也许可以说明颜回曾经有过住在陋巷的清苦生活，但不能说明他一直生活在陋巷，天天都过着“一箪食，一瓢饮”的生活。况且，沉湎声色，也不一定非得拥有家财万贯。

孔子最得意的门生，颜回的学习大约是非常刻苦的，读书、思考都十分勤勉。因此，许多人会根据直觉，判断颜回是过劳而死的。过劳而死，一般而言，指的是体力劳动者。颜回是读书人，他又没有出仕。即使是他有过“一箪食，一瓢饮，在陋巷”的简单生活，因为内心能保持平静，也是乐在其中的生活。再者，他有十多年的时间跟着孔子周游列国，吃香喝辣不敢说，填饱肚子大致没有问题，生活也应该是比较轻松，悠闲的。总之，说颜回是因为过劳而死，情理上讲不通。

也许会有人以颜回学习那么好，反过来推断：他不可能有时间沉湎情色。对这种说法，我们也能举出相反的例子：纪晓岚。文献记载，纪晓岚过的是三妻四妾、纵欲的生活，但是，这并不妨碍他才华出众，编辑、撰写出大量的论著，成为一代大学者。纪晓岚是《四库全书》的总编纂，著作有《阅微草堂笔记》，诗文结集有《纪公达文遗集》，其中单是诗歌作品，就有一千多首。

也许，还会有人质疑道：如果颜回真有沉湎声色不知节制的缺点，孔子怎么还会那么喜欢他，把他列为“德行榜”榜首呢？这个也容易解释。孔子、颜回生活的时代，不是一夫一妻制的现代，更不是以“计划生育”立国的当代，那是允许一夫多妻的时代，那是人口不患多而患少的时代。换言之，那个时代，个人生活作风不属于道德管辖的范畴，不会影响其德行操守评分。文章题目所说的缺点，是按照今人的观念、标准说的。

## 子路跟孔子的特殊关系

孔子众多弟子中，子路是最不像弟子的弟子；同时，又是最称职的弟子。

说子路最不像弟子，是因为：只有子路，敢于甩脸色给孔子看，敢于批评乃至否决孔子的想法和决定。说子路是最称职的弟子，是因为：子路对孔子照顾、保护出力最多，对孔子的话最重视、恪守，不惜付出生命的代价。

小孔子九岁的子路，在投到孔子门下之前，头戴公鸡冠，身佩公猪剑，是个桀骜不驯、举止怪异的社会青年。经过孔子一番耐心的礼乐仪式的引导，这才拜孔子为师。但是，入门以后，他却并不像颜回、子贡等其他学生那样，对老师毕恭毕敬，言听计从。

对孔子的一些说教，子路并非洗耳恭听的态度，而是表现出一副不以为然的神态。

子路问怎么做才算是“君子”，孔子答：“约束自己，做到言行举止恭敬有礼。”子路问：“如此而已吗？”孔子答：“约束自己，使亲戚朋友得意安定。”子路又问：“如此而已吗？”孔子答：“约束自己，使百姓安定。做到这样，连尧舜那样的圣君也会有困难。”

这哪里是仲（由）同学在向孔老师请教，简直是仲老师在检查孔（丘）同学功课嘛。正常的学生向老师请教问题的情形，应该是这样的：

颜回向孔子请教怎么做才算是仁。孔子答：“克己复礼算是仁……”，颜回说：“请您再说具体些。”孔子答：“非礼勿视，非礼勿听，非礼勿言，非礼勿动。”颜回说：“回虽然不聪明，但请允许我照您的话去做。”

比不以为然更严重的是反驳。子路让同门师弟子羔（日后做了逃兵）去做费城的长官。孔子因为子羔年幼，学识未成，说了句：“这是坑害人家孩子啊。”子路反驳说：“有了人民，有了社稷。为什么非要读书，才算做学问呢？”

比反驳更严重的是嘲笑。周游列国，待在卫国时，子路问孔子：“假如卫国国君请您管理政务，您将先做什么事？”孔子答：“一定是先正名吧。”

子路说："有这样的说法？您简直太迂腐了，怎么正？"

敢于给孔子甩脸色的，孔门三千弟子，子路是第一人，也是最后一个。子路给孔子甩脸色，不是一回两回，而是经常性的！光是《论语》里记载的，至少就有四回：

"子见南子，子路不说。"（孔子会见卫灵公的宠妃南子，子路不高兴）

"在陈绝粮，从者病，莫能兴。子路愠见曰：'君子亦有穷乎？'"（在陈国遭围困时，没有粮食，跟随孔子周游的人都饿得站不起来。子路怒气冲冲跑去质问孔子："君子会有穷途末路吗？"）

"公山弗扰以费畔，召，子欲往。子路不说。"（公山弗扰占据费城，反对季氏，聘请孔子出山。孔子准备赴任，子路不高兴。）

佛肸聘请，孔子想去就任。虽然没有"子路不说"字样，但从他的质问看，也是生气的。

疾风知劲草，顽生见名师。遇到子路这样的学生，一般的教师，早就气得七窍生烟，一脚把他踢出去——开除学籍、清理门户了。但孔子不是这样，他非常有耐心，大肚能容。

子路对他的说教一副不以为然的样子，孔子不计较，耐着性子，剥笋壳似的，一点点一层层给他解释；子路反驳他的说法，孔子气不过，也只是嘟囔一句"这是为什么我讨厌伶牙俐齿的人的地方。"子路嘲笑他迂腐，孔子并不拂袖而去，而是埋怨一句子路太粗鲁、不懂装懂，然后，认认真真给他讲解，自己为什么主张执政要先正名，"名不正，则言不顺；言不顺，则事不成；事不成，则礼乐不兴；礼乐不兴，则刑罚不中；刑罚不中，则民无所措手足……"。危难之际，子路怒气冲冲质问他，孔子仍然能保持好脾气，告诫子路，要固守道义节操，不能乱来。

最有趣的是，每次子路不高兴，孔子不但没有端起老师的架子，祭出师道尊严的法宝，反而像个做错事的弟子、孩子，丝毫不敢怠慢，马上给他解释，絮絮叨叨，说上一长篇，甚至赌咒发誓，表明自己的心迹。

认真阅读《论语》的人，大概都会有这种恍惚：子路、孔子，到底谁是老师，谁是学生呀？

对一个随时可能出言不逊、顶撞自己的弟子，孔子是真正表现出了“不愠”的君子风度。须知，孔子不是一个天生好脾气之人。事实上孔子是个会生气、能骂人的麻辣教师。你看他骂宰予、骂樊迟，朽木、粪土、小人，用词火力都很猛。孔子的修养，也没有达到佛陀、耶稣的境界，他不主张以德报怨，他主张以直报怨——用现代汉语说，就是以牙还牙。但是，对于子路，他却脾气全无，套路全改。

子路这样的学生，一般的教师早已经把他打入另册。一旦有落井下石的机会，肯定不会手软。但孔子不是这样。不但没有任何打击报复的行动，反而处处替他说好话。一次，孔子对子路的鼓瑟技艺有所不满，其他弟子便跟着不尊敬子路起来。孔子马上发表声明，子路虽然没有达到最高水平（入室），但他已经演奏得非常好（升堂）了。言外之意是，“比你们强得多了”。凡遇手中有实权的人问他子路的修养、才能，孔子都会热情地扮演起推销员的角色，恨不得对方立马给子路一个宰相、将军的职位。

有学者说，子路是遭受孔子呵斥最多的弟子。这是读《论语》不够细心所致。“仲由！我告诉你，懂的说懂，不懂的就说不懂，这才是真的懂了。”“仲由勇敢冒失超过了我，也不好用。”“暴虎冯河，死都不怕的人，我才不跟他一起去”；“仲由这类弄虚作假的事已经做了很久了。明明没有家臣，却要装出有家臣的排场。我这是欺骗谁呢，欺骗上天吗？”“子路这样的鼓瑟水平是怎么进我的学校的呢？”这些话，怎么算得上是呵斥呢？比起子路说孔子的那些话，简直温柔悦耳，赛羔羊“咩咩”。水浇鸭背都算不上，毛毛雨庶几近之。

不由人不问一句：这是为什么呢？

我认为有两个原因：一是，子路对孔子的敬重、爱护无人能及；二是，孔子了解子路的套路，鲁莽只是他的表面现象，勇敢、忠诚才是他的本质特性。

没错，一般人的印象里，都会觉得颜回是孔子最好的学生。对孔子的说教，颜回言听计从，无不心悦诚服。这种好学生的表现，是平凡教师所需要，所喜欢的；但是，对于一个理想高远、胸怀博大的教师而言，这是不够的。孔子对颜回的“不违如愚”，实际上是不太满意的。孔子有其平凡的一面，所以他喜欢颜回；孔子有其不平凡的另一面，所以他也喜欢子路。颜回死时，孔子发出的是“天丧予”的悲鸣；子路死时，孔子发出的是“天祝予”（祝，不是祝贺的意思，是断绝的意思）的哀号。

周游列国，鞍前马后，子路出力最多。《论语》中，子路几次离队、掉队，邂逅隐居民间的高人（石门晨门、长沮、桀溺、荷蓧丈人等），都是子路不辞辛苦、敢为人先的证据。《史记·仲尼弟子列传》说“子路喜从游”，说法带点怪味儿，但基本没有背离事实。《论语》中，有关子路的记载，是最多的。这从一个侧面说明，所有弟子中，子路陪伴、伺候孔子是最勤勉的。

表面上，子路经常对孔子的说教不以为然。但孔子有些话，他却奉为圭臬，敬重、恪守的程度，远远超越其他弟子。有一天孔子感慨说，学说理论没有人采用，自己只好乘坐木排漂到海外（九夷，今天朝鲜半岛）去。能够陪着自己去的，大概只有子路。子路听后，引以为荣。孔子说：“穿着破烂的旧棉袍。跟穿着狐貉貂皮大衣的人站一块儿，不会感到不好意思的人，大概只有子路吧。‘不嫉妒不贪婪，什么事做不好呢？’”子路把这一番话牢牢记在心里，终身念叨。最后在卫国内乱中，子路没有听子羔的规劝，离开危城，而是挺身入城。在身遭重创，头上的冠缨被对方将领击断的时候，还说了句“君子死而冠不免”，死前的最后一个动作是整理冠缨。子路这是用自己宝贵的生命，实践了孔子关于君子、礼仪的说教啊！

孔子病重，子路领着弟子为他祈祷。孔子口头上没有表扬他，但内心是赞赏的。因为，孔子承认，自己也祈祷了。

邂逅长沮、桀溺，两位隐士，规劝子路，跟着孔子“辟（避）人”，不如跟他们“辟（避）世”。但是，子路不为所动。邂逅荷蓧丈人，子路得到了很好的招待，孔子都被感动了，有些心动，而子路仍然旗帜鲜明地坚持儒家积极入世的理论，主张君臣之义不可废。

“子路不说（悦）”，表面上看，似乎是不尊敬孔子，实际上是对孔子的最好爱护。切莫小看、笑看这“子路不说”四个字。没有这四个字，孔子可能成不了圣人。比如说，孔子接受了公山弗扰或佛肸的聘任，其结果，很可能是身败名裂，身首异处。《史记》记载，孔子说过“自吾得由，恶言不闻于耳”

的话。其实，子路对于孔子的价值，何止恶言不闻于耳，简直是恩重如山！

可以说，没有子路，就没有后来被尊称为圣人的孔子！

## 孔门最有才干的弟子

### 缘起

《论语·先进》第三和第十三两章，连起来读，颇有意趣。第三章是著名的“四科十哲”弟子排行榜，第十三章是其中四位弟子陪在孔子身边时的言行举止情形。“四科十哲”是，德行：颜渊，闵子骞，冉伯牛，仲弓；言语：宰我，子贡；政事：冉有，季路；文学：子游，子夏。第十三章提到的四位弟子是：闵子骞、子路、冉有和子贡。这四位都是榜中人，分别来自德行（闵子骞）、政事（冉有、子路）、言语（子贡）。情形是，闵子訚訚如（中正的样子），子路行行如（刚强的样子），冉有、子贡侃侃如（和乐的样子）。

四科十哲，遴选范围并非孔子一生办学的全部弟子，而只是曾经跟孔子周游列国吃过苦历过险的那一拨；第十三章提到四位弟子，大概也不是有意对十位得意弟子的表现进行比较，而是某一次师徒聚会情形的实录。

但是，由于年代久远，关于孔门弟子的文献记载简略不全，后人一般就把“四科十哲”当作孔门十大杰出弟子看待；循例，我们也不妨把四位弟子当作言行风格类型的代表。没有提到的六位大弟子，颜渊、冉伯牛、宰我、子游、子夏，我们假设，风格都没有闵子骞、子路、冉有和子贡鲜明。

师徒相处，中正容易使人感到无趣，刚强容易使人感到紧张。相比之下，和乐最令人向往。因此，这里我们就来说一说《论语》中子贡跟随孔子学习时的情形。

### 子贡是如何向孔子请教问题的

子贡向孔子请教问题的方式，主要有三种：

一种是请教处世为人之道。按照《论语》编排顺序，子贡问过“君

子”、“政”“友”“士”“为仁”等问题。大概意思是，怎么样算是君子，从政应该从那些方面着手，如何与友人相处，怎么样做算是士，如何行使仁道。

第二种是二选一的“可否问”，即说出某种情况，请孔子予以评判。例如：“贫而无谄，富而无骄，何如？”“如有博施于民而能济众，何如？可谓仁乎？”“乡人皆好之，何如？”

第三种是提出探讨性的疑惑。例如，“孔文子何以谓之文也？”“管仲非仁者与？桓公杀公子纠，不能死，又相之。”“有一言而可以终身行之者乎？”“君子亦有恶乎？”

子贡提问，并非一问即止，必要时还会有连环问，打破沙锅问到底；会说出自己的领悟，跟孔子互动。例如，问政的时候，孔子回答他“足食，足兵，民信之矣”，子贡便接着问：“必不得已而去，于斯三者何先？”孔子回答：“去兵。”子贡再接着问：“必不得已而去，于斯二者何先？”孔子再回答：“去食。自古皆有死，民无信不立。”不但问出了基本答案，还问出了选项答案之间的主次轻重。有一次，子贡问：“贫而无谄，富而无骄，何如？”孔子答：“可也。未若贫而乐，富而好礼者也。”子贡于是联系到《诗三百》，问：“诗云：‘如切如磋，如琢如磨。’其斯之谓与？”因此得到了孔子赞扬，称其能鉴往知来，可以跟自己讨论《诗三百》的问题了。

可见，子贡是很善于提问的。可以说，子贡是孔门最会提问的弟子，没有之一。佐证之一是，为了回答子贡的提问，孔子创造了若干成语，说出了若干名言金句。为了回答子贡“孔文子何以谓之文也”的问题，孔子创造了“不耻下问”的成语；为了回答子贡“师与商也孰贤”的问题，孔子创造了“过犹不及”的成语；为了回答子贡“如有博施于民而能济众，何如？可谓仁乎”的问题，说出了“己欲立而立人，己欲达而达人”的名言；为了回答子贡“有一言而可以终身行之者乎”的问题，孔子说出了“己所不欲，勿施于人”的金句。这两个名言金句，毫无疑问，是儒家仁恕之道最完整准确的概括与表述。

子贡口才好，善于提问，应该是孔门众弟子的共识。在卫国，卫灵公死后，政局出现了变化，弟子们都想知道孔子会不会继续留在卫国，出任官职。同样跻身“十哲”行列的冉有，不敢去问孔子，而要通过子贡去打听。子贡果然不负众望，拐了个弯，用了个历史典故，刺探出了孔子的意向：离开，不干。

### 孔子如何批评与评价子贡

面对这样一位善于提问请教问题的弟子，孔子是什么样的反应与态度呢?

《史记》中说，“子贡利口巧辩，孔子常黜其辞”。这说法未免有夸张成分，但从《论语》中看，孔子的确有贬抑子贡的倾向。

子贡问孔子对自己的评价，孔子回答说他是一种器具，一种祭祀典礼上盛放粟米的容器。我们知道，孔子是主张“君子不器”的，即君子追求的是形而上的价值，不是形而下的具体功用。

孔子有意拿颜回打击子贡，问子贡，跟颜回相比，觉得自己怎么样。子贡说自己不敢跟颜回比较，颜回是“闻一知十”，自己只是“闻一知二”。孔子表示同意子贡的说法。

颜回一生贫穷，子贡从政成为宰相，经商成为巨富，事实已经证明，子贡的才能非颜回所及。孔子还在那里发表感慨，说“赐不受命，而货殖焉，亿则屡中”，有子贡是得之侥幸的意思。

我猜测，孔子贬抑子贡有两个可能的原因：一是，子贡有一些观点跟孔子不同。子贡想要去掉政事报告仪式（告朔）上使用的鲜羊肉，孔子不同意，孔子认为礼仪比羊肉更重要。子贡喜欢将他人进行比较，加以评论，孔子说自己没有空闲做这种事情。二是，孔子故意对子贡进行“挫折教育”，子贡自信、强大，经受得起孔子的各种模拟打击。

当然，孔子是了解子贡的，对他的为人和才能丝毫没有怀疑。有一次季康子向孔子了解子路、子贡、冉求三个弟子是否具备从政的能力，孔子全都给出了肯定的回答，其中关于子贡的是：“赐也达，于从政乎何有？”达是豁达、通达的意思。

## 子贡替孔子辩护，赞颂孔子

从《论语》记载看，宰我的言语才能，没有得到很好的施展，而子贡的言语才能则得到了充分的展现。游说各国，“故子贡一出，存鲁、乱齐、破吴，强晋而霸越。子贡一使，十年之中，五国各有变。”这是国际大舞台上的展现；较小的方面，在孔子面临他人质疑、贬低时，子贡曾多次凭借其“利口巧辩”，为孔子辩护，对孔子进行歌颂。从维护孔子形象、宣扬孔子伟大的行动力度、实际效果上说，子贡堪称孔门弟子第一人，厥功至伟。

孔子多次贬抑子贡，但子贡在推崇孔子时，是不遗余力的。孔子说君子有三种道行，“仁者不忧，知者不惑，勇者不惧”，孔子谦虚地说自己都没有达到，子贡却说是“夫子自道”，即三者说的就是孔子本人。

陈子禽怀疑孔子使用不当手段刺探各国政事秘密，向子贡求证。子贡答以“夫子温、良、恭、俭、让以得之”，加上“夫子之求之也，其诸异乎人之求之与”的反问，有力地予以驳斥。

有个太宰（历代学者有宋国的、鲁国的、吴国的、陈国的等不同猜测），问子贡，孔子是不是圣人，圣人怎么会有那么多的小技能。大概有质疑、鄙视的意思。子贡答以“固天纵之将圣，又多能也”，可谓义正词严，威风凛凛。孔子得知后，自我解嘲说“……吾少也贱，故多能鄙事。君子多乎哉？不多也”。如果说孔子是名士兼书生气质，吐词温文；子贡则是外交家兼代言人气派，出语铿锵。

卫国大夫公孙朝问子贡，孔子的学问从哪里来的，有质疑孔子学历的意思。结果，子贡把其实是自学成才的孔子说得比常春藤、985之类名校的毕业生流光溢彩一万倍：“文武之道，未坠于地，在人。贤者识其大者，不贤者识其小者，莫不有文武之道焉。夫子焉不学？而亦何常师之有？”不难想象，这位卫国大夫当时一定是石化在那里，无言以对。

老师死后，有人称赞弟子超过了老师。世上一定有很多的弟子，会心中窃喜，予以默认；如果是略有权势的弟子，不但会笑纳赞美，甚至会有意抹杀老师的存在。但是，既富且贵的子贡，不是这样。孔子死后，叔孙武叔、陈子禽几次毁谤孔子，前者甚至在朝廷上公开说，子贡的智慧已经超过了孔子。子贡都充分发挥他过人的修辞才能，巧妙设喻，进行反驳。子贡把自己比作矮墙小院，人人可以看见室家之好，而把孔子比作高墙大院，里边的宗庙之美、百官之富，他人根本无法窥见；把一般贤者比作丘陵，把孔子比作日月，无法超越；把孔子比作“不可阶而升”的天。

古往今来，像子贡这样，以富丽堂皇、形象生动的语言歌颂自己赍志以殁的老师的，能有几人？

### 孔子主动跟子贡说话

子贡虽然比孔子小三十一岁，比颜渊还小一岁，不像子路，只小孔子九岁。但是，他跟孔子相处时，似乎比他们都更平和，更轻松。请看：

> 子贡曰：“夫子之文章，可得而闻也；夫子之言性与天道，不可得而闻也。”（《公冶长》）

> 子贡曰：“有美玉于斯，韫匮而藏诸？求善贾而沽诸？”子曰：“沽之哉！沽之哉！我待贾者也。”（《子罕》）

这种话，一般弟子是不敢说，也说不出来的。

子贡请教“君子也有讨厌的人吗”时，孔子回答之后，反过来问子贡“你也有讨厌的人吗”，子贡答以“恶徼以为知者，恶不孙以为勇者，恶讦以为直者”（讨厌偷窃他人成果以为自己很聪明的人，讨厌不谦虚而自以为勇敢的人，讨厌背后说人坏话还自以为正直的人）。孔子的反问，也有想听听子贡怎么看的意思。

孔子有时也挺愿意把子贡当作较为平等的谈话对手，而不是学生。孔子跟子贡在一起时，曾几次主动发起谈话。请看：

> 子曰：“莫我知也夫！”子贡曰：“何为其莫知子也？”子曰：

“不怨天，不尤人。下学而上达。知我者，其天乎！”（《宪问》）

子曰：“赐也，女以予为多学而识之者与？”对曰：“然，非与？”曰：“非也，予一以贯之。”（《卫灵公》）

子曰：“予欲无言。”子贡曰：“子如不言，则小子何述焉？”子曰：“天何言哉？四时行焉，百物生焉，天何言哉？”（《阳货》）

孔门子弟中，能享此殊荣者，除了子贡，也只有颜渊、子路两个人而已。



## “过犹不及”背后的孔门公案

有一次，子贡问孔子：“颛顼师（字子张）跟卜商（字子夏）这两个师弟，哪个聪明些？”孔子回答说：“颛顼师聪明过头，卜商不够聪明。”子贡接着问：“照这么说，应该是颛顼师比卜商还强一点儿？”孔子回答说：“聪明过头，跟不够聪明，是一样的。”

我们知道，子夏可是“四科十哲”之一，也就是说，他是孔门弟子中最优秀的十位弟子之一。照这样推算起来，子张的水平也不差。在孔子眼里，他俩是难兄难弟。

子贡为什要问这个问题？孔子为什么这样评价他们？这两个人有些什么特点、故事？他们的故事能给予我们什么启迪呢？请听我一一道来。

子贡喜欢拿人作比较，孔子对他的这个特点不以为然，认为子贡太闲了，做这种无聊事情。子贡向孔子提出子张、子夏谁更聪明的问题，貌似是子贡“方人”（将他人作比较）的一个例证。但我认为，这一次，子贡发问，事出有因。

什么原因？孔子优中选优搞弟子排行榜——“四科十哲”，把子夏列进去了，但没有把子张列进去。子贡替子张感到不平，于是向孔子发问，有质疑、打抱不平的意思。

根据《史记·仲尼弟子列传》的说法，子夏比孔子小44岁，子张比孔子小48岁，虽然年龄上有四岁的差距，但是，二人大概是同时入的孔门。《史记》明确记载，子张参加了孔子的周游列国的活动。即，子张也是有资格跻身“四科十哲”行列的。

我说子贡替子张打抱不平，是有证据的。请看：

> 子游：“吾友张也，为难能也。然而未仁。”（《子张》）
>
> 曾子曰：“堂堂乎张也，难与并为仁矣。”（《子张》）
>
> 孔子：“……师也辟……”（《先进》）

这些人评判子张（都说他没有达到仁的境界），与其说是不约而同议论（批评）子张，还不如说，是自告奋勇，争当发言人，对子贡的质疑进行解答，等于是替孔子解围。曾子的性格，不像是会无缘无故臧否人物、批评子张的人。

若然，可以说明，子张未能跻身“四科十哲”的原因，不是在学业上，而是在品德上，子张太注重外表的装饰，诚实、坚定不够（孔子所说的“辟”的意思）。

孔子“师也过，商也不及”的评语，《论语》中有很好的体现。

子张是个思想活跃、勤于提问、敢于对孔子的观点提出质疑的人。

子张想要学习谋求利禄的方法，孔子对他说：“多闻阙疑，慎言其余，则寡尤；多见阙殆，慎行其余，则寡悔。言寡尤，行寡悔，禄在其中矣。”可见，子张大概有说话多、行动快的特点。往好处说是积极有为，往坏处说是冒冒失失。

子张向孔子请教成为善人的方法，孔子告诉他，“不践迹，亦不入于室”，意思是要遵循前人的足迹，否则无法登堂入室。由此可见，在孔子眼里，子张有自作主张的倾向，在我们看来，则有独立思考的优点。

子张问，一个人怎么做才会行得通（吃得开），孔子告诉他：“言语诚实守信，行为诚恳恭敬，做到这两点，即使是南蛮、北狄那样的少数民族地区，也能行得通；如果行为做不到诚恳恭敬，就是本乡本土也是行不通的。站立时，就看见‘忠信’‘笃敬’赫然在前；在车里，就看见这几个字靠在车子横木上。这样时时刻刻想着这几个字，就任何地方都行得通了。”子张听后，便把孔子的话写在衣服大带子上，以时刻提醒自己（《卫灵公》）。由此可见，子张实际上是个听得进老师教导的弟子。

子张问“十世可知也”，问“令尹子文三仕为令尹，无喜色；三已之，无愠色。旧令尹之政，必以告新令尹。何如”，问“士何如斯可谓之达”，问“书云：‘高宗谅阴，三年不言。’何谓”；这些提问，可以看出来，子张是个喜欢思考、善于提出问题的弟子。

子夏的弟子向子张请教交友之道，子张问他子夏怎么说的。得到的回答是：“可者与之，其不可者拒之。”这样的回答，套路跟孔子思想吻合。但是，子张不以为然，他说：“这说法跟我学到的不一样：君子尊敬贤人而宽容普通人，赞许能人但尊重一般人。如果我是很聪明的人，对于他人有什么不可以宽容的呢？如果我并不聪明，他人会拒绝我，哪里轮得到我拒绝他人呢？”由此可见，子张不囿于师说，能独立思考，形成自己的观点。

“士见危致命，见得思义，祭思敬，丧思哀，其可已矣。”“执德不弘，信道不笃，焉能为有？焉能为亡？”（坚守道德不能将其发扬光大，信仰道义不能诚恳厚道，这样的人是无足轻重的——有他不重，没他不轻）子张的这些说法，说明他是一个心胸比较开阔的人。

跟子张不同，子夏是一个很少提问、从无质疑、谨言慎行、即小务实之人。

《论语》中记载的，子夏只向孔子请教过三个问题，“孝”、“政”和《诗经》中“巧笑倩兮，美目盼兮，素以为绚兮”的意思。其中问《诗经》句子时，因为他将诗句意思联系到礼仪修养上，得到了孔子赞扬。

孔子有一次对子夏说：“女（汝）为君子儒，无为小人儒。”

子夏做莒父宰时，向孔子请教为政的道理。子告诉他：“无欲速，无见小利。欲速，则不达；见小利，则大事不成。”

子夏有如下一些言论：“虽小道，必有可观者焉；致远恐泥，是以君子不为也。”“日知其所亡，月无忘其所能，可谓好学也已矣。”“博学而笃志，切问而近思，仁在其中矣。”“仕而优则学，学而优则仕。”

同门子游有个评语：“子夏之门人小子，当洒扫、应对、进退，则可矣。抑末也，本之则无。”

种种迹象、证据，足以说明，子夏是个谨慎务实、缺少胆识胸襟之人，孔子“不够聪明”的评语是中肯的。说实话，孔子把他列入“四科十哲”，尤其是列入“文学”科，是有些勉强，难以服众的——子贡就是不服者之一。

但是，《史记》记载，孔子死后，子夏“居西河教授，为魏文侯师”，在传播孔子儒家学说上做出了成绩，受到当时一些诸侯的欢迎与尊敬。可见，笨也有笨的好处，笨鸟也能飞得很远。子夏的故事，相当励志。

## 被孔子骂成朽木粪土的弟子是个怎样的人?

相传孔子一生，招收弟子超过三千人。从《论语》的记载看，孔子骂得最狠的弟子，莫过于宰予（字子我，所以也叫宰我）。孔子有一次发现他白天在寝室里睡觉，大发雷霆，用“朽木不可雕也”和“粪土之墙不可杇也”两个比喻，加以痛骂。痛骂之余，意犹未已，还说自己从宰予开始，改变了评判人的办法——从“听其言”变成不但听其言还要观其行——言外之意，宰予是孔子平生遇到的第一个言行相违之人。

骂得最狠，不一定是最差的弟子。俗话说，打是亲骂是爱。父母对子女，教师对弟子，都有这样的现象：期望愈高，责罚愈严。对真正的差等学生，教师不会抱有任何期望，因而也无失望可言。自然不会生气，更不会责骂。孔子痛骂宰予，可能正是由于他欣赏宰予，认为宰予是可造就之才，对他寄予了厚望。因此，当宰予的行为令他感到失望时，难免情绪激动，破口大骂。

这从孔子所定的一个弟子排行榜，即被后代称为“四科十哲”的孔门高足名单，可以得到印证。孔子分德行、言语、政事、文学四个门类，将跟随自己周游列国，吃过苦、经历过危险的弟子，排了个光荣榜，列举了他认为最优秀的十位弟子，宰予名列言语门类，跟子贡（端木赐）并列。

有没有这样一种可能：孔子痛骂宰予，事情发生于列“四科十哲”弟子榜之后。换言之，列弟子榜的时候，孔子还是欣赏宰予的，还是相信宰予说的话的。对宰予感到失望，是后来的事情。孔子渐渐发现，宰予只是会说漂亮话，行动方面却懒惰散漫，一点儿也不积极，不上进。

我认为不会是这样的情况。宰予善于言辞，应该是当时众所周知的事实，孔子抹杀不了，也无意抹杀。《孔子家语·子路初见》“宰我有文雅之辞”，《孟子·公孙丑上》也有“宰我、子贡，善为说辞”的记载。《孔子家语》和《孟子》的说法，可能是根据《论语》而来的，也可能是另有所据。但是，从《论语·阳货》记载宰予跟孔子争论守孝时间应该是一年还是三年时的表现看，宰予的确是个“善为说辞”的人。宰予说：“三年之丧，期已久矣。君子三年不为礼，礼必坏；三年不为乐，乐必崩。旧谷既没，新谷既升，钻燧改火，期可已矣。”《论语·八佾》篇记载的宰予回答鲁哀公关于建社种什么树的问题的话，“夏后氏以松，殷人以柏，周人以栗”，更是可以看出，宰予擅长言辞的同时，还相当博学和机智。夏商周三代，建社用什么树木，他都清楚（当然也有可能是他随口杜撰的）；用松、柏、栗分别暗指治国政策的宽松、紧迫和使人战栗。就是说，宰予知道鲁哀公问社的真正意图，是想要削季氏、叔孙氏、孟孙氏三家的藩；因此，巧妙利用词语谐音，提出了使用“使人战栗”方法的建议。即，鼓励鲁哀公收拾把持鲁国国政的三家大夫（三桓）。

此外，根据《史记·孔子世家》的记载，宰予也不只是擅长言辞，他还有别的才能。楚昭王想要给孔子封邑，令尹子西加以劝阻。劝阻的理由是，楚国都没有比得上孔子几个杰出弟子的人才，给孔子封邑，“非楚之福也”。令尹子西列举的孔子四大弟子，子贡、颜回、子路、宰予，他们分别被认为具有“使使诸侯”（外交）、“辅相”（宰相）、“将率”（将军）、“官尹”（幕僚长）方面的才能。就是说，宰予在人事组织方面有杰出的才能，这一点连楚国人都知道。

但是，关于宰予，《论语》中还是有明显的负面评价倾向。宰予回答鲁哀公夏商周建社种什么树那件事传到孔子耳朵里，孔子不以为然，说“成事不说，遂事不谏，既往不咎”。意思是，宰予不该妄议夏商周的治国措施。有一次，宰予问孔子，当仁爱之人听到“有人掉井里”的话时，会不会马上跳进去救人。结果，被孔子尅了一顿。孔子说，“君子可逝也，不可陷也；可欺也，不可罔也。”意思是，宰予的假设，那是陷害、欺骗仁爱之人。还有，跟孔子进行关于父母死后子女守孝时制的对话时，孔子对他进行了声色俱厉的批驳，骂宰予不仁。

总的来说，孔子对宰予是厌恶大于喜爱。但我认为，孔子不喜欢宰予的原因，并非《孔子家语》中所说的宰予“智不充其辩”（智慧跟他漂亮的言辞不相匹配），而是因为宰予在一些问题上，跟孔子的意见不合，喜欢独立思考。其中，关于守孝时制问题，是一次激烈的交锋。

> 宰予：三年之丧，期已久矣。君子三年不为礼，礼必坏；三年不为乐，乐必崩。旧谷既没，新谷既升，钻燧改火，期可已矣。
>
> 孔子：食夫稻，衣夫锦，于女安乎？
>
> 宰予：安。
>
> 孔子：女安则为之！夫君子之居丧，食旨不甘，闻乐不乐，居处不安，故不为也。今女安，则为之！
>
> （宰予出。）孔子：予之不仁也！子生三年，然后免于父母之怀。夫三年之丧，天下之通丧也。予也，有三年之爱于其父母乎？

整个对话，宰予申述自己观点，是有理有据的；而且，所据的，除了孔子平时所反复强调的礼乐维护问题，还有农事更迭、生活安排的问题，考虑相当周全。而孔子的驳斥，有明显的个人情绪，人身攻击的意味很重，没有多少讲道理的成分。孔子当时的表现，基本上可以用“气急败坏”四个字加以形容。从辩论的角度说，宰予明显占了上风，孔子是输的一方。康有为认为，三年守孝期的规定，是孔子制定的，古礼是一周年的期限。如果康说属实，孔子的“夫三年之丧，天下之通丧也”，有信口开河之嫌。可见，宰予的想法，可能是符合古礼制度的。孔子主张三年为期，当然也有其原因。比如说，为了矫正当时人们普遍不讲孝道的现实。但是，宰予主张一年为期，也不能算错，不能因此就被扣上不仁不孝的大帽子。在平均寿命只有二三十岁的上古时代，青壮年时期守孝三年，的确会很耽误很多事情。

不难看出，宰予不但有口才，有能力，思想还很活跃，有不同于老师的观点。正是由于最后一个特点，使得孔子以及其他孔门中人，都不太待见宰予。发展到后来，甚至编造出一个宰予不得好死的说法：日后宰予做了齐国临淄大夫，因为参与田常（即田恒成子，也称陈恒。避汉文帝讳，改称田常）作乱，后被杀死。孔子因此引宰予为自己的耻辱云云。这种记载在《史记·仲尼弟子列传》中的说法，是不可靠的。唐代学者司马贞怀疑，这是把阚止的故事，张冠李戴，误系在宰予名下。误系的原因是，阚止也字子我。

## 被孔子斥为小人的樊迟是怎样的人？

相传孔子前后招收过三千多名弟子，其中被认为品学优秀的，有七十多人（有说七十七人，有说七十二人）；孔子自己列过一个后来被称为“四科十哲”的弟子排行榜，榜中十人可谓优中之优。樊须，字子迟，也叫樊迟，因为是在孔子结束周游列国回到鲁国后投到他门下的，因此未能跻身“四科十哲”行列。但从《论语》所载他跟孔子的亲近关系看，樊迟是得到孔子赏识的弟子。因此，属于七十多名品学优秀者之一。

尽管如此，樊迟也曾遭到孔子毫不客气的斥责。字面上看起来，斥责措辞之严厉，比起骂宰予“朽木不可雕”“粪土之墙不可杇”，有过之而无不及。“朽木”“粪土”只是比喻的说法，而斥责樊迟的是“君子”的反义词，是孔子最鄙视的“小人”。

事情的起因是，樊迟想学习农业技术。先是说自己想学种粮食，孔子觉得意外，就委婉地告诉他：“我不如老农民。”接着，樊迟又说自己想学种蔬菜，这时孔子大概有点生气了，告诉他：“我不如菜农。”樊迟走后，孔子很生气，骂他是“小人”。

樊迟想要学习农业技术，孔子为什么骂他是小人呢？这是因为，孔子认为，在当时的形势下，让统治者懂得崇尚礼乐，讲究道义，遵守信用，四面八方的百姓就会扶老携幼前来投奔了，根本用不着学习种庄稼，种蔬菜。换言之，孔子办学，是以培养向统治者传播仁义礼智信之类治国思想的管理人才，不是进行职业技术教育，培养专门的技术人才，更不是培养农民。

那么，樊迟为什么想要学习种粮食、种蔬菜呢？清代学者刘宝楠提出一种解释：因为春秋时期，卿大夫实行世袭制，选拔贤能的选举制度被废弃了；贤能之人多没有职位，因而没有俸禄，无法养家糊口，只能自寻生存之道。近代学者钱穆提出另一种解释，说樊迟想要效法神农、后稷“以稼穑教民”，也就是通过自身精通农业技术并向百姓传播以获得百姓的拥戴，最终达到教化百姓的目的。

这两种解释，都有一定的道理。但是，从孔子的话看，樊迟学稼、学圃的直接原因是，想要解决劳动力不足的问题。春秋是军事时期，战争频仍，兵燹不断，人口锐减，大量土地无人耕种，出现了粮食不足的严重问题。樊迟的解决之道，是知识分子身体力行，放下身段，从事农业劳动。有点类似让知识青年上山下乡，知识分子下干校，到农村去从事农业劳动。而孔子的解决办法则是，通过改善政治环境，从外国吸引民众，增加人口，解决劳动力问题。

樊迟的办法，思想境界很高，但不符合实用主义的标准，等于把自己变成了体力劳动者，只能解决自己一人或一家的问题；孔子的办法，实际上就是跻身统治阶级，目的是解决一国的粮食问题。说起来，孔子的追求挺高大上。

樊迟大约只是一时冲动，那么想了一下，并没有坚持走“农业救世”的道路。就是说，还是接受了老师的意见。因此，除了这一次被孔子骂为小人之外，《论语》中记载的樊迟，就是一个中规中矩的弟子。他向孔子请教“知（智）”“仁”等问题，其中“仁”的问题问了三次之多，孔子都耐心地予以解答。有一天，跟着老师游祈雨台时，向孔子请教“崇德、修慝、辨惑”什么意思，得到了孔子的表扬。还有一次，樊迟给孔子驾车，孔子主动向他转述自己是如何回答孟懿子请教“孝”问题的，并加以解释。

喜欢开玩笑的苏东坡，给孔子的话“君子多乎哉”对了个“小人樊须也”的下联，嘲谑长络腮胡子的秦观秦少游（善作情词的秦少游是个络腮胡子，有点出乎意料吧）。

一个中规中矩的孔门弟子，因为向孔子问了个奇葩的问题，因为姓名有意思，便被后人牢牢记住。而他危难之际能够保持沉着冷静，有勇敢的表现，这个优点，却少有人知。樊迟的故事，令人感慨：人的身后名声，真是难以逆料！

## 比颜回更安贫乐道的孔门弟子

从《论语》中看，孔门弟子中，最能安贫乐道的是颜回。因为，孔子说过如下一番话：“贤哉，回也！一箪食，一瓢饮，在陋巷。人不堪其忧，回也不改其乐。”（《雍也》）

但是，日后成为中国文化史上甘于贫穷的象征人物的，却不是颜回，而是孔门的另一个弟子原宪。

原宪，字子思。孔子为鲁国大司寇时，以原思为宰（孔府管家）。当时孔子给原宪的年薪是粟米九百斛。原宪认为太多了，坚决推辞。但是，孔子坚持让他领取，说是多余的部分可以分给邻里乡亲。从这个故事中已经可以看出，原宪对于物质的态度：他是一个没有物质欲望的人。孔子让他做自己的管家，可能是因为他家境窘迫，藉此可以得到些许缓解。同时，也可能因为原宪不贪财，能廉洁自守，不会做出违背道义之事，孔子比较放心。

原宪成为甘于贫穷的象征人物，是孔子死后的事情。根据《庄子》、《韩诗外传》、《孔子家语》等文献记载，孔子死后，原宪退隐卫国，住在瓮牖绳枢、上漏下湿的茅草屋里。虽然生活条件极其恶劣，但他能苦中作乐，每天端坐其中，兴致勃勃地弹琴唱歌。发达之后的同学子贡，坐着豪华马车去看望他。原宪出于礼节，拄着拐杖，“盛装”出迎。但是，扶正帽子时，纸冠的带子断了；拉一把衣襟，胳膊露了出来；想穿上鞋子，鞋帮子破了。子贡表示关心，问他得了什么病。原宪回答说，没有钱财叫贫，学了知识不能付诸实践才叫病。子贡听了，感到惭愧。

原宪能够达到这种境界，固然跟他本人的心性修养有关。但是，跟孔子的教导，也不无关系。有一次原宪请教“耻”的问题，孔子回答他“国有道，谷；国无道，谷，耻也”。原宪可能是遵循孔老师这个教导，认定当时是乱世，因此隐居草泽之间。

《庄子·让王》篇记载，原宪面对尴尬惭愧的子贡，进一步说明自己甘于贫穷的原因：“夫希世而行，比周而友，学以为人，教以为己，仁义之慝，舆马之饰，宪不忍为也。”（参考译文：行事迎合世俗，交友装出热情亲密的样子，学习是为了获得他人的赞扬，指教他人是为了炫耀自己学识，仁义道德丢弃不讲，却追求车马装饰豪华，这些事，都是我原宪不愿意做的。）可见，原宪的贫穷，不是因为他没有能力获得，而是他压根就不愿意去追求。换言之，经营致富，原宪是，非不能，不为也。

原宪甘于贫穷的故事，为后代文人尤其是唐代诗人所熟知，所一再称引，原宪成为贫穷的代名词。沈佺期、王维、李白、杜甫、戴叔伦、白居易、张祜、孟郊、李端、韦庄等人的诗中都出现过原宪的名字。其中诗圣杜甫更是多次提及，例如：“不达长卿病，从来原宪贫”（《奉赠萧二十使君》），“窃效贡公喜，难甘原宪贫”（《奉赠韦左丞丈二十二韵》），“弟子贫原宪，诸生老伏虔”（《寄岳州贾司马六丈巴州严八使君两阁老五十韵》），“处士祢衡俊，诸生原宪贫”（《寄李十二白二十韵》）。

可见，原宪的贫穷生活，对于后代文人思想感情的影响是非常深刻的。

## 子路的形象管理境界

稀里糊涂，应邀参加了一个看起来高大上的会议，“第二届中国形象管理论坛”，并且以“文化学者”的身份，被请到大会主席台上，跟资深国宾礼仪专家范智先生对话。

一番推让之后，我抛砖引玉，说了大意如下的一番话：形象管理是一件非常有意义的事情，孔子在这方面就做得很好。衣食住行，言行举止，孔子都很讲究。具体地说，衣服颜色怎么搭配，布料怎么裁剪，什么场合穿什么衣服，甚至连睡衣的长度，他都有一套讲究的规则。在孔子影响下，儒家弟子们也注重着装。儒生都有款式统一的衣冠，叫儒冠，儒服。孔子的形象讲究，有的是为了遵循礼仪制度，有的是为了追求审美效果。孔子的成功，成为“至圣先师”，被称为“万世师表”，很可能，都跟他的形象管理有一定的关系。

曾被美国媒体誉为“国礼大师”的范智先生，说得比较多：国宾礼仪，我国几代领导人的衣着、手势，中美元首会见前的礼仪交流；亲身经历，加上实践感受，内容很丰富。当然，也批评了一下登台众嘉宾的举止不当之处。

话筒回到我手里的时候，我又说了大意如下的话：刚才说孔子注意自身形象的修饰，那是常礼，一般情况、普通人需要遵守，需要讲究。但是，孔门弟子中，也有一位特殊的人物，那便是子路。早年投入孔门之前，头戴公鸡冠造型的帽子，身佩猪皮制作的剑囊，相当个性，相当酷。但是，他有一个特点，深得孔子的赞赏：即使穿着破衣烂衫，站在貂皮狐裘衣裳的富贵人士身边，他也不会感到不好意思。这种超越贫富、贵贱的强大心理，孔门二三千弟子中，只有子路一人具备。子路超越礼仪的内心世界，是另一个境界的修养，也值得形象管理从业者认真研究。

时间关系，我只举了子路的例子，没有说到魏晋名士的蔑视礼法，放浪形骸；也没有说会见各国元首时，通常只伸出一只手，另一只插在裤兜里的世界首富比尔·盖茨。

子路终于在孔子的影响下，脱下了他先前有雅皮士风格的装束，穿戴上了儒生的服装服饰。但是，孔子却对他的“衣敝缊袍，与衣狐貉者立，而不耻”的精神非常欣赏，引用“不忮不求，何用不臧”的诗句，加以赞赏。“不忮不求，何用不臧”的意思是：不嫉妒不贪婪，什么事做不好呢？子路听后也很得意，经常念叨这两句诗。

虽然当时被请到台上的六位嘉宾中，我是穿着最随意的一个：长袖衬衫，挽着袖子；灰色休闲筒裤；脚蹬一双轻便黑皮鞋——其他嘉宾，女士是套装、时装，男士或西装革履，或成套的传统服装，都挺讲究——但我真心没有要跟“国礼大师”唱对台戏的意思。我是认为，礼仪、形象之类讲究，固然重要，但是，在保证卫生整洁的前提下，有一点超越的精神，有一点满不在乎的态度，有一点“礼岂为我辈设”的不羁，其实也很重要。实际上，这是更高层次、更高境界的形象管理！

叁

# 关于《论语》

# 一、《论语》魅力

## 《论语》为何令人百读不厌?

《论语》实在是一种难以定义的著作：它不讲述任何系统的知识，它不属于任何一门学科领域，它没有像样的章节设计，它不是某一个作者的作品，同时也很难说是集体合作的作品。不客气地说，它更像是断烂朝报。

但是，古往今来，研究它的人却非常之多，其中以研究它闻名于世的学者名单，就可以列出长长的一串；至于普通阅读者，更是多得无法计数，其中很多人读了远不止一遍，是读了又读，活到老读到老。可以这么说，《论语》是中国阅读人次最多的一本书籍。

《论语》为何有如此巨大、持久的魅力？这是一个值得认真研究的问题。

我认为，主要有如下一些原因。

首先，这是一部内容丰富多彩的著作。虽然只有一万六千多字的篇幅，但是，《论语》的内容实在是丰富多彩。书中自然是以子曰（孔子语录）为主，但是，并不限于孔子语录，还穿插着子夏、子张、子游、曾子等若干弟子的语录。就是孔子语录，也并非一律以“子曰”开头，不少章节是孔子跟弟子间的问答。问答多数是读书、为人、从政等的教学内容，但不全是正襟危坐的课堂讨论，也有一些轻松的闲聊。有些章节，描述的孔门师徒言行，例如“子见南子”、子路邂逅长沮桀溺等隐士，有一定的故事性，可以当小故事看。通过孔门师徒的言行、故事，读者可以了解那个时代人们衣食住行等生活层面的情况。《论语》一书，出现的人物不少，上至古代圣君、诸侯国君、执政大夫，下至江湖隐士，中间是孔门为数众多的弟子。有的正面出现，有的侧面留影；有的反复登场，有的惊鸿一瞥；有的长篇大论，有的只言片语；虚虚实实，来来往往，你方唱罢我登场，很是热闹，决不令人感到冷清，寂寞。

其次，语言通俗易懂。《论语》中是有一些古奥生涩的章节，但基本上限于涉及历史文献、远古圣君的少数章节，多数是当代事务、人物语录。而且，大部分章节的语言是通俗易懂的，说话者的性格、神情、情绪都不因年代久远而模糊不清，难以理解。相反，大多栩栩如生，跃然纸上。《论语》所涉及的内容，以日常生活、文史常识为主，专业性、技术性不强。阅读《论语》，不需要特别的专业修养。因此，人人可读，甚至可以当作童蒙识字课本使用。

再次，文艺气质浓厚。孔子办学，走的是学而优则仕的路子。即传授弟子包括文化典籍、礼仪制度等方面文化知识的同时，也教育他们忠孝仁义等为人处世的道理，目的是使他们学成之后为官作宰，将国家、社会治理好，人民安居乐业，男女老少皆能过上幸福的生活。可以说，孔子的私塾，相当于现代的行政管理学院。但是，不同于当今的行政管理学院，孔子有他的特点：文艺气质比较浓厚。孔子本人的知识结构，可能更偏向于历史学与文献学，但是，他在文艺方面的修养，也十分了得。他酷爱音乐，在弹琴鼓瑟等器乐演奏上有相当造诣，声乐方面似乎也下过功夫，可能还会谱曲；孔子并没有诗歌散文传世，但是，言语之间，可以看出他是有一定的诗人气质的。众弟子各言其志时，赞同曾皙（点）的“莫（暮）春者，春服既成。冠者五六人，童子六七人，浴乎沂，风乎舞雩，咏而归”的人生志向；站在河边，发出“逝者如斯夫，不舍昼夜”的感慨，都是很好的证明。一种著作，文艺气质浓厚的好处是，能调动读者心中最柔软的感情，令其陶醉，令其共鸣，令其遐想，令其沉迷，难以自拔。有个网友，经常在我关于孔子和《论语》的文章下骂孔。有一次，他发表评论说，孔学跟阳明心学相比，差得太远。我回复他：“阳明心学缺少诗性。”他答：“实用就行了。”这就是所谓的道不同不相为谋了。我理解的孔子，不是一个很务实的人，他是一个重视趣味的人，堪称半个诗人。

再次，歧义与猜谜。《论语》一书，记言、记事、记人，都不讲究完整

性，行文不讲究起承转合，立论不讲究逻辑性。东一榔头西一棒槌，神龙见首不见尾。因为缺少语境，《论语》中，几乎每一句话、每一个词语，都可以作不同的注解，不同的解读。乍一看是残缺，细一想不得不佩服孔门师徒：深得诱惑学之精髓。残缺而易滋歧义；歧义而令人心生好奇、想入非非，令人有猜谜、聚讼之乐；令人可借题发挥，进行为我所用的演绎，演义。一部《论语》，做语言文字学、史学的学术考证，可以；炖一锅心灵鸡汤，迷醉一下民众，可以；抠几个字眼，拿去治国，糊弄百姓，也可以。阅读《论语》，变成了趣味无穷的文字游戏。如果像《孟子》那样，滔滔雄辩，把什么话都说透，把什么理都点破，读者就只能跟梁惠王似的，成为孟轲的教训对象，还有多少阅读的乐趣呢？孔子一百多年后的这位私淑弟子，并没有领会老师的诱惑学真谛。世上最伟大的著作，就应该是《论语》这样的。把道理点破说透的是书斋学究，把道理藏在心里不说出来（写下来）的是佛门禅师，把道理说个半拉子令人心生敬畏的才是万世景仰的圣人。风靡欧美的基督教，统治阿拉伯世界正向全世界蔓延的伊斯兰教，两者的经典《圣经》、《古兰经》，也跟《论语》差不多，是断烂朝报的写法。

再次，歌颂与嘲讽搭配合理。《论语》毕竟不是宗教经典，孔子设定的听话者，既不是愚民，也不是圣贤，而是智力中等的民众——孔子有个观点，叫“唯上智与下愚不移”——时刻受着名利诱惑的世俗中人。这类人有一定的判断能力。孔门弟子在编辑《论语》的时候，清楚一个道理：把孔子塑造得过于完美，可能会使民众敬而远之，甚至反感。因此，《论语》对孔子形象的把握是，歌颂为主，但也有绯闻，有嘲讽。弟子有分工：歌颂的使命，主要交给颜回、子贡等人；绯闻、嘲讽的任务主要由子路、宰予等完成。有歌颂，才有威望，才有震慑，研究政治学的孔门师徒，深谙此道；有绯闻，有嘲讽，才有亲近感，才会由衷敬爱，这是有文艺修养的孔门师徒的过人之处。人人内心，皆有八卦的爱好。《论语》没有忽视人们的这一爱好。

最后，名人效应。孔子高足子贡说过一番话：“商纣王的坏，其实没有这么不堪。因此，君子讨厌身在低处，因为天下的坏事都会聚集到那里去。”坏事如此，好事又何尝不是这样呢。一旦身处高位，天下的好事都会汇聚到那里去。子贡不遗余力地维护孔子的名望，正是因为他深知其中奥秘。孔门师徒，人人都是名人之前，《论语》大约只相当于唐宋文人的笔记；孔门师徒封圣哲封公侯之后，人人都成了地位显赫的历史名人，《论语》便成了公共话题的语料库，人人必须引用的格言。加上后代帝王有以经学取士的政策，读通一部经书的可以飞黄腾达，出将入相。有用，加上有趣，于是，每一句话，每一个字，都不惜花大量时间去琢磨，去研究，去领悟。添字解经，皓首穷经；前仆后继，乐此不疲。

## 3D《论语》

让看过3D版《阿凡达》、《少年派的奇幻漂流》、《智取威虎山》等电影的人，再去看非3D版的同名电影，一定会大失所望。少了身临其境的立体画面，便少了视听感官的冲击和震撼。相反，让看惯非立体电影的人，去看这些制作精良的3D电影，一定会兴奋莫名，惊喜不断，仿佛置身于一个跟自己熟知的世界迥然不同的另类空间中。

其实，不光是声色光影组成的电影有平面、立体之分，就是文字组成的作品，阅读的时候，也是可以有平面、立体之分的。

比如《论语》，就可以有平面、立体两种阅读法。不幸的是，古往今来为数众多的《论语》研究专家和学者，尽管引经据典，尽管争论不断，尽管名家辈出，但基本上都只是把它当做平面的东西去注释，去串讲，去阐述的。因此，这部名列“四书五经”之首、被当做童蒙必读课本的儒家代表著作，就成了白蜡，成了催眠药，令千百年来、难以计数的学童在阅读的时候，只觉其枯燥乏味，昏昏欲睡，苦不堪言。殊不知，一万五六千字码成的《论语》，所描写、所反映、所呈现的，原本是一个丰富多彩、跌宕起伏、生动有趣的立体世界。

谓予不信？请看下边几个例子：

子曰：“君子谋道不谋食。耕也，馁在其中矣；学也，禄在其中矣。君子忧道不忧贫。”（《卫灵公》）

专家学者经过考证，分析，会告诉我们，这一番话的意思是：君子谋求学术上有所成就，不谋求衣食上豪华奢侈。耕种田地，会饿肚子；钻研学问，则俸禄自来。君子只担忧得不到学术成果，不担忧得不到财富。基本意思当然大致不差，但是它脱离了富有层次、立体的原文原意，孔子对当时社会财富分配不人道现实的认识与直面，对自己学生毕业后就业、成家、养家糊口难易的关切之情，种种可能令人感到亲切、温暖的情愫，统统被过滤掉了。原本充满感情、闻者动容的话语，就这样变成了空洞乏味的说教，令人厌烦。

> 哀公问："弟子孰为好学？"孔子对曰："有颜回者好学，不迁怒，不贰过。不幸短命死矣。今也则亡，未闻好学者也。"（《雍也》）

这一番话，专家学者的兴趣，可能会集中在考证颜回到底比孔子小多少岁，享年几何。没有人关心，鲁哀公是怎样的一个君主，孔子在什么情况、什么心情下，这样回答鲁哀公的问话。著名学者杨伯峻先生的注本是这样翻译的："鲁哀公问：'你的学生中，哪个好学？'孔子答道：'有一个叫颜回的人好学，不拿别人出气；也不犯同样的过失。不幸短命死了，现在再没有这样的人了，再也没有听过好学的人了。'"字面意思，当然没有讲错。但是，所有背景、情景信息都被抽掉了的问答，干巴巴的，只传递了这样一个信息：孔门只有一个颜回是好学生。

这怎么可能呢？事实决非如此。孔门三千子弟、七十二贤者，有的是好学之徒。真实的情况，可能是如下之一：一、孔子借机向鲁哀公进谏，因为鲁哀公有迁怒、贰过的毛病。针对听话者的特点，作出不同回答，是孔子的语言艺术。《史记·仲尼弟子列传》记载，冉求和子路先后请教同一个问题：赈穷救乏的事情，是否听到后应该马上行动。孔子跟冉求说的是"行之"，而对子路说的是"有父兄在，如之何其闻斯行之！"另一个弟子子华感到奇怪，问孔子为什么不一样的回答。孔子说："求也退，故进之；由也兼人，故退之。"二、颜回夭亡不久，孔子正在悲痛中，痛不择言，一时只想到颜回不迁怒、不贰过这两个优点。《史记·仲尼弟子列传》中，鲁哀公跟孔子的这一番问答，是紧接在颜回死、孔子痛哭情节后边的；对孔子的事业有莫大帮助的颜回，他的优点岂止这两个！三、某个（些）不争气的学生因为“迁怒”“贰过”，惹到了孔老师，孔老师正在气头上。不管哪种情况，我们都应该透过文字，看到孔子愤怒的表情，听到孔子急促的喘息。

卫公孙朝问于子贡曰：“仲尼焉学？”子贡曰：“文武之道，未坠于地，在人。贤者识其大者，不贤者识其小者，莫不有文武之道焉。夫子焉不学？而亦何常师之有？”（《子张》）

这一番话，对注释家而言，“卫公孙朝”四个字是个兴奋点。因为，春秋时期，有好几个人都叫这名字，除了卫国这一位，鲁国、楚国各有一位，郑国名臣子产有个兄弟也叫这名字。说明这四个字之后，就是串讲。无非是告诉人们，子贡在说明孔子的学识来源。一言以蔽之，曰：孔子是史上最善于自学成才的人。

显然，这是平面阅读法。立体的阅读至少是这样的：孔子惹出过一生最大绯闻的国家（子见南子），一个恩怨是非纠缠不清的国家，一个叫公孙朝的大夫，企图从学历上打击一下孔子师徒，等于对子贡说：你家老师，学问不过是道听途说的野狐禅。这种明显的挑衅，子贡当然要不客气地予以迎头痛击。

文武之道，名头天一样大，足以压死挑衅者；贤者、不贤者，并非泛泛之论，乃实有所指，不贤者就是指挑衅者公孙朝；最后两句设问，自问自答，不容商榷，不给问话者丝毫继续质疑、反诘的机会。如果公孙朝是友善之辈，诚恳发问，子贡应该是不会用这种凌厉语言作答的。

子禽问于子贡曰：“夫子至于是邦也，必闻其政，求之与，抑与之与？”子贡曰：“夫子温、良、恭、俭、让以得之。夫子之求也，其诸异乎人之求之与？”（《学而》）

这一番话中，子禽何许人，有不同说法。汉朝训诂名家郑玄认为是孔子学生，但是，有人根据《史记·仲尼弟子列传》未载此人，认为不是孔门弟

子。我赞同后者。

我的根据是：子禽的问话，“他老人家一到哪个国家，必然听得到那个国家的政事”，貌似寻常，其实来者不善。请将其放在群雄争霸、生死存亡瞬息万变的春秋这个军事时期（那必定是谍情纷飞的时代），结合孔子师徒为了兜售自己周游列国、到处拜谒君王将相的背景（很容易涉及军政机密），不难看出，他不是一般性的求知，或者好奇，而是别有用心的刺探。

刺探什么？刺探孔子是否在各国都潜伏了特务，安插了眼线。显然，这是一句危险的问话。因此，反应敏捷、善于辞令的子贡就以大力颂扬孔子美好品德（温良恭俭让）为策略，进行辟谣。意思是，我们伟大的孔老师是不屑于干这种偷鸡摸狗勾当的！

苏东坡有诗句曰“赋诗必此诗，定非知诗人”，有人仿造道“论诗必此诗，必非知诗人”，似乎也说得通。但是，我上述所举例子，并不意在强调某种具体的解读结果，而是想要说明一种新的阅读方法：正确理解言简意赅的《论语》语句，最好像观看3D影片一样，尽量把它们放在当时的历史背景中，尽量多地引入语境和跟语境相关的信息，即加以立体的审视、理解，才有可能接近原意，接近真相，读出人情世态，读出喜怒哀乐，读出勾心斗角，读出狼烟四起，读出礼崩乐坏。这样做有一个好处，古文阅读将不再枯燥乏味，而变得生动有趣，引人入胜。

## 一本百科全书式的文学书

《论语》是一本文学书，是孔门师徒的传记。但是，它又是一部不同寻常的文学书、传记。它最不寻常的地方是：语言简短，信息量却特别大。

《论语》里边有人物。除了主要人物孔子之外，有孔门弟子二十九人：陈亢、澹台灭明、樊迟、公伯寮、公西赤、公冶长、闵子骞、南宫适、漆雕开、琴张、冉耕、冉求、冉雍、冉根、司马牛、巫马期、颜回、有若、原宪、宰我、曾参、曾皙、子羔、子贡、子贱、子路、子夏、子游、子张。涉及、提到的其他人物有七八十人，这其中有古代的圣君贤相，有当代的君王权贵，有高人隐士，有敌对势力，也有朋辈友军。

《论语》里边有故事情节。例如：孔子把自己的女儿嫁给公冶长，把哥哥的女儿嫁给南宫适（括），孔子在陈地时想念祖国的弟子，孔子看望生病的学生冉耕，孔子单独跟卫灵公夫人南子相见惹得子路不高兴，孔子在河边望着永不停息的流水发感慨，孔子在齐国听到《韶》这支曲子三个月都吃不出他最爱吃的烧肉的味道，孔子拒绝把自己的车子送给颜回父亲作为颜回的外层棺材，孔子为颜回之死悲痛不已，孔子在匡地遭到囚禁，孔子用手杖敲击对他无礼的老朋友原壤，孔子师徒在陈地被困断粮孔门弟子产生信仰危机，孔子拒绝接见季氏家臣阳货（虎）、趁着阳货不在家时把蒸熟的小猪送回去，孔子到学生子游担任长官的武城听到弦歌之声嘴上开玩笑心里美滋滋，等等。

《论语》里边有各种经验和知识。有处世经验（什么时候可以出去做官，遇到乱世危城怎么办等等），有礼仪知识（怎么说话，怎么走路，什么场合穿什么衣服等等），有日常生活讲究（睡衣最好什么长度，什么肉能吃，哪里买的酒不好喝，切肉丁应该用什么刀法，生鱼片是越薄越好，等等）。孔子自学成才，没有一定的老师，他的知识结构相当庞杂，政治、哲学、社会学、文学、音乐、舞蹈他都有所涉猎。因此，《论语》里边的知识虽然都不够全面系统，但是，天女散花，覆盖的面还是很广的。有心人根据吉光片羽进行演绎发挥，都可以自成体系。宋代宰相赵普能以半部《论语》治天下，道理就在这儿。

上述种种原因，使得《论语》成为一部百科全书式的书。于是，哲学家在这里看见处世智慧，政治学家在这里看见经世济民，道学家在这里看见婚外恋，小女人把它视为体悟幸福的心灵鸡汤，毛孩子把它当作长大成人的奶瓶维他命……我认为，种种态度、索取均无可厚非。但是，这也是无奈的。就像鲁迅提到人们对《红楼梦》命意的不同理解时所说的，“经学家看见《易》，道学家看见淫，才子看见缠绵，革命家看见排满，流言家看见宫闱秘事……”。谁叫它是名著呢？名著就像公共汽车，谁都可以乘坐。

说《论语》是百科全书式的书，按照比喻的修辞学原理，喻体、喻象不能是同一事物，因此也等于说：《论语》不是一部百科全书。百科全书是科学著作，讲究客观，讲究准确，讲究理性，它不允许有那么多鲜活的人物、有趣的故事情节、生动的语言以及多变的情绪——孔子实在是一个性情之人，喜怒哀乐他都会表现出来、宣泄出来，不宣泄到淋漓尽致不痛快。《论语》的语言，跟客观、准确、理性基本不搭界，它甚至反其道而行之：主观、模糊、感性。

就像谈论《红楼梦》，人们可以有各自的角度和理解，不同学科的人也都可以从那里边找一些写论文的材料。但是，谁若是径直把《红楼梦》当做算卦书、当作房中术、当作谈情说爱指南、当作革命宣传册，那恐怕就不免于要挣下一个迂腐的雅号了。

历来的文学史教科书上，在讲先秦文学那一段的时候，一定都要大张旗鼓地讲《诗经》，讲《左传》，讲《孟子》，讲《庄子》，就连基本上令人难以卒读的《尚书》也会被发掘出了不起的文学成就，就是少有人讲过《论语》的文学成就。这是文学史研究者的一个大大的失误。《论语》的文学成就是大大高于《孟子》而不在《庄子》之下的。

## 孔门的传记

《论语》是孔子死后由他的弟子们编辑的记录孔子及其部分主要弟子日常言行的一部书，后来被奉为儒家学派的经典著作。但是，怎样给这部书定性或者说归类呢？古代文献分“四部”，它被归入了经部。但这显然不是科学的归类。实际上，人们基本上都是把它看作哲学著作的，或许也有人认为它是政治学著作。

我认为，这些说法都是经不起推敲的。从体例上看，《论语》是很独特的。它跟史书、诸子都不一样。左史记事，右史记言。《论语》既不是单纯的记事，也不是单纯的记言，它是既记事，又记言。更为重要的是，它所记的事基本都不是历史事件，而是日常生活情景；它所记的言，也没有明确的主题，基本上是生活随感。其他诸子著作，比如《老子》、《庄子》、《荀子》，都有比较明确的主题，论证、阐述理论时都讲究逻辑性，都提出了各自比较完整而有新意的理论体系。这些东西，《论语》都不具备。同为儒家经典的《孟子》，跟它也有明显的不同，《孟子》的主体部分是孟轲的政治学论著，它有思想体系、有比较完密的逻辑论证，它是孟子有计划的著作。

相比之下，《论语》比较接近后代的笔记。它是以孔子集团的主要人物为纪录对象，记事，也记言。所记之事、之言，看不出什么有完整的理论系统。按照班固《汉书·艺文志》的说法，孔子应答弟子、时人以及弟子之间相互说的话、辗转从孔子那里听来的话，当时孔子弟子各有所记。孔子去世之后，弟子门人就把各自的记录拿出来，辑录到一起，这才成了《论语》一书。

孔子集团的性质相当复杂，它兼有教学团体、职业团体、政治团体、思想团体等多重性质。弟子中也是人各有志，有人志在协助君王治理国家、造福万民，有人只是为了造福一方百姓，有的是为了宣扬礼乐，有的为了探求事物的道理，有的向往诗意的生活。显然，孔子是许可弟子们拥有各自不同的志向理想的。要给这样一个集团的少数成员、凭着各自的兴趣爱好记录下来、凑到一起的东西进行定性，我认为，最重要的一点是，我们应该明白：它是在孔子去世之后完成的。也就是说，它的编辑成书，很可能主要目的是为了缅怀先师的风采。换言之，这书的主要意图在于刻画孔子这个人。不然，普通弟子从学三年，孔门又教授多种学科，听课笔记不可能只有这么一点点。我推测，《论语》应该是从若干弟子的记录中经过筛选编辑起来的，筛选的标准就是：能够生动地展示孔子及其主要弟子风采的言行。

孔子重视《诗经》教学，重视文学，他的弟子中不乏“斐然成章”者。从现存的《论语》文本看，他们也确实在十分有限的篇幅里，很好地给孔子及其主要弟子塑造了栩栩如生的形象。他们的形象不是苍白的，即使只有片言只语，一两个生活细节，也往往能给后世的读者留下深刻的印象。主要人物孔子，有思想，有感情，有学问，时而风趣诙谐，时而正襟危坐，时而娓娓而道，时而厉声斥责。《论语》中的孔子，是一个活生生的人，是一个真实可信的人，是一个可亲可爱又可敬的人。孔门弟子在编辑《论语》的时候，应该是饱含感情的。感情加上文采，就使得《论语》这部书具有了浓厚的文艺色彩。

孔子生前虽然可能整理过不少前人的著作，但是他自己是“述而不作”主义者，因此并没有留下能够系统地反映他的思想理论的著作。而作为一个在当时就很有影响、在后代影响巨大的学派的创始人，他不可能没有自己完整的思想体系。因此，后代的研究者都不满足于只给他一个教育家的头衔，一定得给他一个思想家的头衔。这样一来，《论语》中的片言只语就如同出土的陶片，都成了研究、复原孔子思想理论体系的重要线索和证据。这种研究日积月累的结果，就将它的编辑者的原意和文本的文学性给掩盖了，淹没了。

《论语》记录的是言，有孔子回答弟子问题的，有孔子自言自语的，有师徒一起谈话的；也是行，他们登山，临水，娱乐，周游列国，会见诸侯；但是，它更是记人的，孔子，颜回、子路、子贡等等主要弟子，还有一些诸侯士大夫，各具形貌，各有性情。《论语》实在是孔门的一部传记。简练，却生动、丰富，还不缺乏生活细节。

## 《论语》之忧

胡适在《禅宗与中国：它的历史和方法》一文中总结禅宗教学方法时，对于禅宗的“不说破”原则——即禅宗大师的偈语“鸳鸯绣出从君看，莫把金针度与人”所表示的原则——推崇不已。“此种教学方法太重要了。12世纪最伟大的儒教思想家兼大导师的朱熹（1130—1200），某次感慨地对他的门人说：‘吾儒与老庄之所以后继无人，而禅宗家却易得传承者，乃因彼等能冒不说破的危险，使学者疑惑不决而有所审发也。’一位禅学大师在谈到他的证悟经验与老师的关系时，常说：‘我不重先师道德佛法，只重他不为我说破。’”

显然，朱熹、禅宗大师、胡适先生都是认为禅宗的教学方法是优于儒家教学方法的。而我认为，这种观点是错误的。

禅宗固然衣钵相传，一传再传三传四传……香火不断，但是一般人所知道的禅宗大师大约也就到六祖为止。就像胡适先生所指出的，禅在中国思想史上所占的时间，也就是前后涵盖400年左右，“约当公元700年到1100年之间”。而孔子创建的儒家学派，虽然历史上也曾经遭遇过刘六刘七农民运动、辛亥革命、五四运动、文化大革命等的沉重打击，但它的生命却实在是惊人地顽强，真可谓“野火烧不尽，春风吹又生”。孔子在沉寂了将近一个世纪之后，现在又成了大家热烈谈论的对象。各地的孔庙修复的修复，重建的重建，学者伪学者非学者都纷纷发表各自的《论语》研究成果、心得体会，提倡读经的国学院如雨后春笋般出现，《论语》儿童阅读版图书供不应求，女大学生扬言献身国学要勾引孔子，女大学教师在电视上打着读《论语》的旗号声情并茂地传播自己小女人的人生幸福观……儒家思想已经统治了中国两千多年，照现在的情形看，还得继续统治下去，前程未可限量。

一句话，儒家思想的薪火传承，其热闹和成功，是禅的思想的衣钵传承所不可同日而语的。以效果检验方法，不得不承认，儒家的教学方法是比禅宗教学方法更优的。禅宗“不说破”的教学方法固然有其合理性，但是，比起儒家的教学方法来，还是差了一点儿。

那么，儒家的教学方法是什么呢？其实跟禅宗教学方法有某种相似性，我认为可以仿照禅宗的“不说破”，归纳为四个字：说而不破。禅宗的“不说破”实际上是“不说”，也就是通常所说的“不立文字”。所以，禅宗大师不妨是文盲。儒家的“说而不破”，则是说出一部分，保留一部分，片言只语，云山雾海。因此，儒家大师必须是学问家。春秋笔法、微言大义，都是这种方法的具体表现。

这两种方法的优劣，拿一个通俗的比喻，就很容易明白了。禅宗的方法好比暗示大家：那房子里有位美女；而儒家的方法则是展示给大家这样一幅景象：随风飘动的轻纱后边就或坐或卧着一位半隐半露的美女。哪种方法更引人入胜，不是一目了然的事情吗？

区区一万多字的言行记录，人们已经研究、讲解了两千多年，前赴后继，现在还在千人讲万人论，喋喋不休，唾沫横飞，夜以继日，不知疲倦。为什么？因为《论语》就是“说而不破”的经典著作。也可以说，它就是永远都猜不透、没有标准答案的谜语书。只要认识一点汉字，谁都可以来猜一猜，并且把自己猜的结果头头是道地解释一番。

从前我曾经写过文章，说过“无友不如己者”有四种猜法；前两天我说过，“唯女子与小人为难养也”一句话，至少有三种猜法；现在再举一个例子，“宰予昼寝”四个字我了解到的，至少也有下列三种猜法：一，宰予这个学生大白天睡觉，结果被孔老师臭骂了一顿；二，其实应该是“宰予画寝”，寝，貌丑。宰予这个学生绘画课上，画坏了，美人被画成张飞了，孔老师一气之下就骂得很难听；三，“宰予画寝”，寝，室也。宰予在用绘画装饰室内，孔老师就告诉他绘画的道理，什么材质不好画（朽木），不好粉刷（粪土之墙）。有人提出应该是“宰予画熳”，跟第三种猜法其实一样。

《论语》中的许多词语、句子都可以有三种乃至三种以上的猜法。孔子的一日之师老子说得好，“道生一，一生二，二生三，三生万物”。也就是说《论语》已经深得大道，它的含义是可以无穷衍生下去的。我猜你猜他猜大家都来猜，也是永远猜不完的。所以我说，《论语》是人类文明史上最伟大的谜语书。

太伟大的书，可能反而会没有人敢于去接近。但是，《论语》没有这个问题。因为孔子的地位已经被历代帝王推崇为为圣人、万世之师，也叫“素王”（头上没有王冠的王，相当于精神领袖），任何人解释《论语》的时候，都有占领文化制高点、挟天子以令诸侯之类的良好感觉。这种体验，谁能够不产生一点好奇心理呢！

也许，全民学《论语》、讲《论语》、用《论语》的时代即将到来。我有点担心：我担心这又将演变成一场旷日持久、耗费巨大的“群众运动”。

## 二、《论语》揭秘

### 孔门弟子为何记载孔子绯闻?

一般认为，《论语》一书是在孔子死后，由孔门弟子编辑整理而成书的。纵观全书，美化孔子的倾向非常明显。

惟其如此，《雍也》篇的一条记载，就不免显得有些突兀。因为，它居然煞有介事地记载了孔子的一次绯闻事件：

> 子见南子，子路不说。夫子矢之曰："予所否者，天厌之，天厌之！"

南子，卫国君主卫灵公（公元前534—前493年在位）的夫人，原本是宋国（也是孔子祖籍所在国）的贵族。《史记·孔子世家》记载，公元前496年，孔子周游列国，第二次来到卫国时，南子放出话来，一定要跟孔子见面。孔子先是推辞了一下，后来又改变主意去见了南子。南子隔着帷幕接待孔子，孔子一进门，立即向南子行了大礼：北面稽首（朝着北面的南子磕头）。即以大臣拜见国王的礼节拜见南子。而南子的举止却并不合乎礼制，她竟然在帷幕里边向孔子行大礼，使环佩发出叮当之声。南子之所以有这样的举止，有两个可能：一个是，她是一个行为不怎么检点的女人，举止比较轻佻；一个是，她对孔子有意思，故意挑逗孔子。孔子竟然会见了这样女人，弟子子路很不高兴。结果，孔子便赌咒发誓，说自己跟南子在一起的时候，并没有发生任何不

轨之事。

尽管孔子赌咒发誓，说自己跟南子没有做任何错误的事情。但是，这一条材料，对于塑造孔子的圣人形象，是很不利的。毫无疑问，这是一个十足的绯闻事件。孔子会见南子，子路应该是不在场的；除了南子的贴身丫鬟，大约也没有别人在场。就是说，孔子跟南子有没有做过见不得人的事，死无对证。面对舆论和他人的指责，孔子跳进黄河也洗不清。

那么，孔门弟子为何要记载这一条在我们看来对他们老师大大不利的绯闻呢？我认为，有如下四种可能：

一、“环佩门”在当时已然是广泛传播、尽人皆知的新闻，孔门弟子无法把它从大众的记忆中抹去。于是，干脆变被动为主动，把它写进书里，以消解他人的传播热情。

二、孔门弟子中有良史人才，秉承“秉笔直书”的史家传统和老师不隐恶的“春秋笔法”，并不隐瞒这一条对自己老师不利的绯闻。

三、孔门弟子中有性情之人、女性崇拜主义者，不赞成老师歧视女人（说过“唯女子与小人为难养也”的话）、不近女色的一贯做法，故意借这条绯闻告诉世人：“孔子也是男人！”

四、这是孔子弟子经过深思熟虑的一种策略，把老师的绯闻写进书里，迎合大众阅读口味，可以使《论语》“大卖”——儒家思想藉以广泛传播。不妨说，编辑、印行《论语》，是中国出版史上一次非常成功的图书策划。

不论事实上是哪一种或者哪几种原因，我们都不难得出这样一个结论：孔门有人才。

## 孔子为何推崇“二南”？

网络上有一群好学的年轻朋友，希望我能跟他们谈谈诗词，谈谈《诗经》。他们给我出的第一个题目是：“二南”中的女性之美。我认为，这是一个非常好的题目。

众所周知，《诗经》分为“风”“雅”“颂”三大部分，“风”指《国风》，“雅”包括《大雅》和《小雅》，“颂”包括《周颂》、《鲁颂》和

《商颂》。其中《国风》部分，世上流传的《诗经》本子，分为十五国风。但是，据一些学者的研究，《周南》《召南》应该独立出来，不属于《国风》（参见陆侃如、冯沅君《中国诗史》第二篇第四第五章）。

孔子谈论《诗三百》，特别推重《周南》、《召南》。他曾经对儿子伯鱼说过如下一番话：

> 女为《周南》、《召南》已乎？人而不为《周南》《召南》，其犹正墙面而立也与！（《论语·阳货》）——参考今译：你认真学完《周南》、《召南》了吗？不好好学习《周南》、《召南》，就好比面对着墙壁站立！

一个人没学好《周南》《召南》，就等于面墙而立，无路可走。

孔子还说过“不学《诗》无以言”的话（不学习《诗经》就说不了话）。读过《左传》《国语》之类历史文献的人都知道，春秋时期，上自诸侯国之间会盟、宫廷觐见，下至百姓日常生活，一切社交谈话场合，引用《诗经》中的诗句传情达意，蔚成风气。无路可走，情况应该比说不了话更严重一些。

孔子还曾多次赞美《周南》的开篇之作《关雎》，“《关雎》乐而不淫，哀而不伤”（《八佾》），“《关雎》之乱，洋洋乎盈耳哉”（《泰伯》）。“乐而不淫，哀而不伤”，“洋洋乎盈耳”，这些赞美话语，适用范围当不限于《关雎》一篇，孔子大概是举《关雎》为例子，指全部《周南》、《召南》。

再一次通读、细品《周南》《召南》中的二十五首诗篇，我发现，孔子这样告诫儿子、赞美“二南”，是有深意的。

除了《周南》中的《樛木》、《兔罝》、《汉广》、《麟之趾》和《召南》中的《甘棠》、《羔羊》、《小星》、《驺虞》这八首，其余十七首都跟女性有关。请看：

> 《关雎》，诗中的“窈窕淑女”，虽然没有作任何正面的描写，但

是追求她的男子的种种行为——“寤寐求之”，“寤寐思服”，“辗转反侧”，“琴瑟友之”，“钟鼓乐之”——所反衬出来的，无疑是一位天下无双的美丽女子，恋爱婚姻对象的绝佳人选。

《葛覃》，已经出嫁的女子，“为絺为绤，服之无斁”，“薄污我私，薄浣我衣。害浣害否，归宁父母”。因为思念娘家，她喜欢穿旧时的衣裳；洗衣裳的时候，忽然想念父母，她不等洗好衣裳，便急着出发去看望父母。

《卷耳》，“采采卷耳，不盈顷筐。嗟我怀人，置彼周行”，丈夫远行，妻子深情思念他，想他的道路崎岖不平，想他的马儿因病羸弱，想他的仆人无力照顾他，手中的活计也无心做了，愁闷之中只能借酒浇愁。

《螽斯》，“宜尔子孙，振振兮”，这诗借繁殖能力很强的蚂蚱，祝他人多子多福。这里边含有赞美女子生育能力的意思。

《桃夭》，“桃之夭夭，灼灼其华。之子于归，宜其室家”，这是一首祝贺新娘的诗。美丽的新嫁娘，出嫁之后，相夫教子，使其家族和睦兴旺。

《芣苢》，这是表现一群女子采摘药材（芣苢，车前草）情形的诗歌。边采摘，边随口唱歌。勤劳、快乐的女子形象，呼之欲出。

《汝坟》，这是一首思妇之歌，“未见君子，惄如调饥”，“既见君子，不我遐弃”，这是一个多情、害怕遭抛弃的女子。

（以上《周南》）

《鹊巢》，“之子于归，百两（辆）御（将、成）之”，诗中的女子，出嫁的时候，送行的队伍用到上百辆车子（这当然是文学夸张），足见身价很不一般。

《采蘩》，这是一首写蚕妇为公侯养蚕的诗，“夙夜在公”，可见其勤劳。

《草虫》，“未见君子，忧心忡忡。亦既见止，亦既遘止，我心则降”，不在一起时忧心忡忡，见面之后心气平和，这是一个深爱着丈夫的劳动（采摘野菜）妇女。

《采苹》，在外边能采苹藻，回到家里又能操持祭祖之事，这是一个虔诚而美丽的女子。

《行露》，“谁谓雀无角？何以穿我屋？谁谓女无家？何以速我狱？虽速我狱，室家不足！”一个已婚男子引诱、逼迫她成婚，遭到该女子坚决的拒绝。这是一位勇敢、坚贞的姑娘。

《殷其雷》，“振振君子，归哉归哉！”南山方向打雷，女子便惦记起自己出门在外的丈夫，盼望他赶快回到家里。

《摽有梅》，女子看着梅子成熟后不断掉落在地，越落越多，想起自己尚待字闺中，恨嫁之心日益迫切。

《江有汜》，丈夫另有新欢了，妻子虽然心中有怨，但仍然幻想丈夫能回心转意。

《野有死麕》，“有女怀春，吉士诱之”，“舒而脱脱兮！无撼我帨兮！无使尨也吠！”春心萌动的女子，嘱咐追求她的男子，不要心急，不要鲁莽，不要惹得狗叫起来。

《何彼禯矣》，描写齐国诸侯女儿出嫁时的盛况，人物漂亮，装饰华丽。

（以上《召南》）

这十七首诗歌，女人的大半生，恋爱、结婚、婚后乃至遭遗弃后，都写到了。诗中的女子，美丽、多情、娇羞、善良、孝顺、坚贞、勤劳、能干、能生、能忍，全是美德。用今天的话说，那就是“上得了厅堂，下得了厨房”。总之，都是宜室宜家、男人所需要的好女人。

对付女人方面不太灵光的孔圣人（有“唯女子与小人难养也，近之则不逊，远之则怨”的话为证），虽然没有说过“男人的一半是女人”、“一个成功的男人背后必定有一个好女人”之类名言，但他一定懂得女人对于男人的重要性。

孔子告诫儿子、赞美“二南”的深意，其实就是：强调好女人对于男人一生的重要性。找不到一个好女人，或者说所找的女人不适合自己，人生可不是如同“正墙面而立”，寸步难行？！

## 孔子为何憎恨女人？

孔子既然被官方和民间共同认定为圣人，自然，他的一切言行都只能往有利于他老人家的光辉形象的方面去解读。按照这个规则，就不应该说孔子对女人抱有偏见，说他憎恨女人。

但是，《论语·阳货》赫然记载着孔子说过的一句话：“唯女子与小人为难养也，近之则不孙，远之则怨。”把“女子”跟“小人”相提并论，这是任谁也无法抹杀的事实。虽然人们想出了种种说法，为孔子开脱。例如：此处的“女子”和“小人”并非泛指，而是特指家中仆役婢妾（朱熹）；此处所说的女子特点只是一般情况，不包括禀性贤明的周文王的母亲等女人（邢昺）；此处的重点是责备小人，女子只不过被借以陪衬比喻；“女子”指小女孩，“小人”指“僮仆厮役”，孔子那是在谈论青少年教育的困难；等等，绞尽脑汁，用心良苦。

其实，所有这些开脱的说法，作用都十分微弱。因为，还有不少迹象表明，孔子实在不像是一个懂得尊重、欣赏女性的男人。参考多种文献记载，孔子可能是将结发妻子、孔子唯一的儿子孔鲤的生母宋人亓官氏给休掉了的，据说理由是“口多言”。孔子做中都宰（中都地方长官）的时候，因为辖区内有个公慎氏的人，妻子淫乱却不加管制，于是规定男女出门不能走在一起，要求女子做到“贞顺”。周游列国，在卫国被卫灵公夫人南子单独召见了一次，弟子子路一不高兴，孔子就赌咒发誓，表明自己是清白的。这分明是说，南子是淤泥，自己是出淤泥而不染的荷花了。周游列国十四年，也就这么一次绯闻，还被孔子矢口否认了，这也可以说明孔子说到女人无法做到心平气和。一生只有孔鲤一个儿子（20岁时生的），或许也可以算作一个理由，那个年代又没有计划生育一说。孔子父亲叔梁纥，至少生有九女、二子（包括孔子在内）。

总而言之，我认为，孔子憎恨女人，是难以否认的事实。

那么孔子为何憎恨女人呢？

有人猜测，原因有两个：一个是孔子因为相貌不佳（其实应该加上家境贫寒）恋爱时遭受过挫折，一个是婚后家庭生活不美满。这种猜测，虽然貌似有理，其实没有任何文献证据的支持，无异于“莫须有”的诬陷，用司马迁的话说，“搢绅大夫不言之”——有修养的学者不会这样说。

这里，我结合文献记载提出如下四种可能的原因：

一、孔子直接吃过女人的大亏。《史记·孔子世家》记载，孔子得到鲁定公的信任，被任命为大司寇兼傧相后，雷厉风行，表现出了很强的办事能力。齐国人感到害怕，于是挑选了80名美女，送给鲁定公，使鲁定公沉迷女色之中，无心打理朝政，也不按时举行祭祀仪式。这样一来，孔子就无法继续推行他的礼仪之道，无法施展他的政治才能，只好离开鲁国，另谋出路。孔子离开鲁国的时候，嘴里唱着“彼妇之口，可以出走；彼妇之谒，可以死败”的歌，心中怀着对齐国美女的恨。那80个齐国美女，断送了孔子在鲁国的大好政治前途，他怎能不恨呢?

二、深谙春秋历史的孔子，一定知道很多“红颜祸水”、“女人误国”的历史故事（《春秋左氏传》中就记载了不少这样的故事）。有政治理想的孔子，因此一定会对女人警惕有加。

三、孔子是一个过于讲究生活细节的人。“食不厌精，脍不厌细”，“割不正不食”……孔子吃喝穿着上的讲究，实在是有些繁琐，相信这世界上很少有女人能够伺候得他老人家心满意足。换言之，按照孔子的标准，是没有哪个女人能够让他看得顺眼、处得顺心的。

四、孔子家族有大男子主义的遗传基因。孔子的父亲叔梁纥是有名的武士，先娶鲁国施氏女子，生了九个女儿之后，妾生了一个儿子（孟皮），但是这个儿子腿脚有毛病。因此，他在六十余岁时又娶了孔子的母亲颜徵在。终于生下了一个健全的儿子，就是日后被称为圣人的孔丘（仲尼）。可见，在孔子父亲那里，女人几乎就是生儿子的机器。除了孔子之外，孔子的儿子孔鲤、孙子子思都有休妻的记录。由此可见，有大男子主义倾向的孔氏家族，不太懂得跟女人和睦相处的艺术，普遍缺乏怜香惜玉的绅士风度。

此外，南子那次召见孔子，大约也给孔子造成了某种程度的心灵创伤。首先，南子召见孔子时说的话相当傲慢，“四方之君子不辱欲与寡君为兄弟者，必见寡小君。寡小君愿见。”意思是，凡是有求于我卫国国君的人，都必须来拜见我，我愿意赏脸见见你孔老夫子。这样的召见，孔子当然很不高兴，但是又推辞不掉，只好从命。见面的时候，南子在细纱帐子里边，孔子一进门就面朝北向她行礼。没想到，南子似乎对孔子有些意思，竟然在帷帐那边向孔子行了再拜大礼，美人丽影，环佩叮当。孔子可能当时心有所动，为自己此前拒绝见面的鲁莽行为表示了歉意。一个多月后，一天卫灵公出行，跟南子同车，宦官雍渠也坐在一起，孔子坐在第二辆车上，车队招摇过市。孔子看着卫灵公和南子拥挤在一起的背影，说了一句：“我没有见过喜欢美德胜过喜欢美色的人！”感到羞耻，于是离开了卫国，去了曹国（据《史记·孔子世家》）。假如孔子对南子不曾动过心，何必引为耻辱，并且匆匆离开卫国呢?

综上所述，孔子憎恨女人，实在是有不少理由、原因的。

## 孔门弟子有些问题为何看起来很傻?

念小学的时候，我的文盲母亲教导我时，常说一句话：“学问学问，要学要问。”她的意思是，有不懂的问题就要随时问老师。

后来，渐渐明白，问老师问题，决不是一件容易的事情。部分同学，“没有问题”——发现不了问题，无从问起；部分同学问题太多，不知从何问起；还有一部分同学，见老师如老鼠见猫，有问题也不敢问。结果，便只有一小部分同学，能向老师提出问题。能经常性地向老师问问题的同学，基本上可以肯定是学霸了。

看一个学生问老师什么问题，大致可以看出他的水平。水平低的学生，一般问不出像样的问题；只有高水平的学生，才能问出像样的问题。

所谓像样的问题，简而言之，有三个标准：一是具体明确，二是有一定难度，三是经过自己独立思考。

## 1

读《论语》，不难发现一个现象：孔门弟子，即使是最优秀的弟子，也不一定都能问出像样的问题。有些问题，也很不像样，甚至可以说很傻。

下边的问题，可以说是比较像样的：

子贡问：“贫穷的时候不去巴结人，富贵的时候不骄傲，怎么样？”——因为常人不容易做到这样，所以的确是个问题。这个问题的好处在于，给了老师孔子一个显示水平的机会。孔子告诉子贡：能做到这样已经很好了，但不如贫穷的时候能快乐地生活，富贵以后能知书达理。给出了更积极的说法，提出了更高的标准。

子张问：“相隔十代的事情也可以知道吗？”——孔子打的是复辟古礼的旗号，经常把夏商周礼仪挂在嘴边。子张提出这样的疑问，说明他是个能独立思考的学生。孔子的回答也不错：不但相隔十代可以知道，就是相隔一百代也可以知道。理由是，礼仪制度，有继承，有损益，世代相传，有一定的规律性。

子夏问：“‘巧笑倩兮，美目盼兮，素以为绚兮。’这是什么意思呢？”——子夏提这个问题，很具体，并且不单纯是《诗经》诗句字面意思的理解问题，还事关礼仪的地位和作用，即诗句背后的象征意义。因此，孔子用一个比喻回答他：只有在洁白的底子上，才能绘画出美丽的图画来。并且夸奖子夏，说他的问题对自己有启发作用，可以跟自己讨论诗歌了。

子贡问：“孔文子为什么得到文的谥号？”——按照古代谥法，“经纬天地”“道德博厚”“学勤好问”“慈惠爱民”“愍民惠礼”“锡民爵位”者，谥文。《左传》记载，卫国大夫孔圉其人私德很成问题。所以，子贡有此疑问。孔子的回答是：孔圉有“敏而好学，不耻下问”的优点。

子张问：“斗谷于菟多次出任令尹，脸上没有高兴相；多次被罢官，脸上没有愤怒的样子；卸任的时候，旧时的政令都没有保留地告诉继任者。怎么样？”——子张想问的其实是，这样的人是不是算得上是仁者。他是想通过这个具体的人物、事迹来了解孔子所说的仁的标准。孔子的回答是，斗谷于菟算

得上忠诚，还算不上仁。接着，子张又问陈文子算不算仁者，孔子回答说，算得上清白，还算不上仁。子张的问题，不但具体，还连环。这说明，他的思考是有联想能力的。

子贡问："广泛地施惠于民，并能切实地帮助他们，算不算仁？"——这也是设定了具体的情形问仁，可以得到老师明确的解答。

子贡问："家乡人都喜欢他，怎么样？"——这其实也是仁的问题，但子贡从他人反应这一侧面入手，将问题具体化了。子贡的预设可能是孔子会给他一个肯定的答复。不料，孔子的回答出乎他的预料：不如家乡的好人喜欢他，坏人憎恨他。这回答，显然可以使子贡思想更加开阔。

南宫适问孔子："后羿擅长射箭，桀奡力气大能陆地行舟，但都不得好死；大禹、后稷只是从事耕种，却拥有天下"这是为什么。——问题的好处是，以具体的历史人物及其事迹，作为思考的材料，提出了一个新颖而深刻的问题。因此，得到了孔子的赞扬。

子贡问："管仲不能算是仁者吧？齐桓公杀了公子纠，他不能殉国而死，并且还做了齐桓公的宰相。"——大概是因为孔子对管仲持欣赏乃至推崇的态度，子贡不理解，提出疑问，可谓有理有据。孔子的回答，"霸诸侯，一匡天下，民到于今受其赐"。意思是，因为管仲的功劳很大，所以不能用衡量一般人的标准衡量他。今天看来，有实用主义的嫌疑，也有多重标准的问题。

## 2

自然，也有一些问题是一般化的，介于像样与不像样之间。

林放问礼的根本是什么——这问题很大，很空，但确实很重要。所以，孔子勉强回答了他：礼仪，奢侈不如俭朴；丧礼，平和不如悲戚。

宰我问："一个仁者，假如告诉他说'水井里掉进去一个仁人'，他会为了救人马上跳进去吗？"——这是通过设定具体情景，了解孔子关于仁的定义。但孔子认为，宰我的问题本身存在问题。君子可以欺负，但不可以欺骗。

子张问："士人怎么样算是达了？"——孔子不明白，子张所说的达指什么，要求他先说明一下。“国内有名，家里也有名”，子张说明之后，孔子纠正他，这是闻，不是达。孔子心目中的达是“质朴正直道义”。

子张问成为善人的方法——问题偏于空泛，因此孔子只能给他一个遵循前人足迹的笼统建议。

子路问如何侍奉君主——问题偏于空泛，因此孔子只能随口给他一个并不完整的建议：不能欺骗，但可以冒犯。

子贡问：“有没有一个词，可以终身奉行的？”——问题挺刁钻，但孔子有准备，给了子贡一个“恕”字。孔子怕他不明白，进一步解释道：自己不喜欢的东西，不要施舍给他人。

子路问：“君子崇尚勇敢吗？”——子路有自恃勇敢、想让孔子表扬一下自己的意思，但孔子偏不让他遂心，告诉他道义比勇敢更重要。

子贡问：“君子也有讨厌的人吗？”——子贡是因为自己遇到问题（有讨厌的人），这才问孔子。孔子当然知道这一点，所以，在解答之后，立即反问子贡有没有讨厌的人。这个问题，其实很家常。

子张问：“怎么样才能去从政？”——问题失之笼统，孔子只能给他开一个广谱的方子：尊五美，摒四恶。所谓五美，指的是：惠而不费，劳而不怨，欲而不贪，泰而不骄，威而不猛。

## 3

令人惊奇的是，孔子弟子，包括那几位最优秀的，都曾傻傻地向孔子问过一些看起来挺傻的问题。两个意思：傻傻地，是指他们提问的方式；挺傻的，是指问题不像样。

所谓傻傻地，是指几个弟子不避重复，前赴后继地去问孔子同一个问题；所谓挺傻的问题，其实就是挺不像样的问题，包括不成问题的问题和难以回答的问题。

读《论语》的人，一般都会在开卷之前，先被儒家、经典著作这些名头给吓住了，只会以崇拜的心情去揣摩，不会用怀疑的态度去审视。因此，一些非常明显的问题，反而视而不见。比如说，大家都会去关注、分析、研究弟子向孔子问问题时，孔子为什么那样回答，为什么同样的问题有不同的回答；而没有人会去留意，孔门弟子为什么会问那样（浅显、无聊、无法回答……）的问题，为什么那么多人都去问同样的问题。

我的粗疏的统计，有如下情况：

问孝：孟懿子、孟武子、子游、子夏等；

问君子：子贡、司马牛、子路等；

问仁：颜渊、仲弓、司马牛、樊迟、子张等；

问政：子贡、子张、子路、仲弓、子夏等；

问知：樊迟；

问名：子张；

问行（发生效果）：子张；

问友：子贡；

问耻：原宪；

问为仁：子贡；

问为邦：颜渊；

问成人：子路；

问鬼神：子路。

众所周知，孔子办学，广招天下才俊，教学科目有“四教” 之说，即：文、行、忠、信，注重培养弟子德行、言语、政事、文学等方面的才能。可见，上边列举的弟子们问的问题，大多属于孔子教学科目中的基础知识。孔子讲课时，不但都讲过，而且应该是经常讲、反复讲的；再者，这些概念性的词语，看起来也并不古奥晦涩。为什么，孔门弟子爱向孔子提这些问题呢？同样一个问题，怎么会有弟子不断地问呢？

还有更不可思议的问题，请看：

问崇德、辨惑、修慝：子张（少修慝一项）、樊迟；

问“听到一种学说就应该立即行付诸动吗”：子路、冉有；

问“怎么做才能成为士”：子贡、子路。

孝、君子、仁之类，是儒家学说基本概念，不明白的弟子，问一下，至少有逻辑可讲；而像这三个问题，或者是多个词语，或者一句话，也有不同的弟子请教，不免有点令人费解。是不约而同，还是亦步亦趋？

这么多聪明绝顶的学生，飞蛾扑火似的，纷纷跑去问孔子“什么是孝”“什么是仁”“什么是君子”之类的问题；而且，他问了，你问，你问了，我还问。这实在有些匪夷所思。

为什么会出现这种情况呢？孔门弟子果真这么弱智，这么无聊吗？

## 4

也许有人会提出这样一种设想：孔子一生办学，弟子号称三千，肯定不是一年所招，而是数十年间陆续招收的。换言之，孔子的私塾，有过很多届学生。不同届学生，先后不约而同向孔子问同一个问题。

理论上讲，有这种可能。但事实上，有说不通的地方。向孔子问同一个问题的弟子之间，年龄差距不小，但在孔门求学的时间差不多，甚至同时。例如，颜渊（小孔子三十岁）、冉雍（仲弓，年岁不详）、子贡（小孔子三十一岁）、子路（小孔子九岁）、子游（小孔子四十五岁）、子夏（小孔子四十四岁），都曾跟随孔子周游列国。可见，是同时期的孔门弟子。这些同时期的弟子，都曾问过孔子同样的问题。

这里我试着提出一种全新的解释：

问字不理解为“请教”“询问”，而理解为“自省”“思索”。相应地，子曰的“曰”也不是“回答”“解答”的意思，而是“评点”“批注”的意思。

设想：当年孔子教学，使用课堂讨论的方法，让弟子就某一问题，进行反省、思索；然后，上课时发表感受；发表过后，孔子进行点评。

比如说：

孟武伯发表过关于孝的自省与思索之后，孔子点评说：“不要让父母整天为你操心，让他们好好操心操心自己身上的疾病吧。”

子游发表过关于孝的自省与思索之后，孔子点评说：“当今的孝子们，

说起来是能养活父母的。但是，养活父母这样的事情，犬马都能做到（其实不能）；只是给父母提供生活的物质条件，心里、神情上并不敬重他们；这样的孝子，他们跟犬马有什么区别呢？”

颜渊发表过关于仁的自省与思索之后，孔子点评道：“克己复礼就是仁。统治者一旦做到了克己复礼，天下百姓都会归于仁道。行仁道关键在自身，不可能在他人身上。”

子贡发表过关于如何做到仁的自省与思索之后，孔子的点评是：“工欲善其事，必先利其器。你居住在这个国家，就应该尊敬朝廷中有才能的大夫，跟那些仁义的大夫交朋友。”

孔子的点评，有两个特点：一是对相关的现实问题进行评议，二是往往针对弟子本身的问题加以告诫。

用这种设想去解读《论语》中的此类弟子问、孔子曰，大致可以做到没有挂碍处。

当然，也有一部分是真的请教，不是教学中的桥段。比如：冉雍做季氏宰和子夏做莒父邑宰时的“问政”，就是真的请教如何着手政事。自然，孔子给出的也是有针对性的具体措施。

孔子办学，为的是弟子们能“学而优则仕”；因为教学生涯漫长，孔子办学期间，有若干弟子已经在做官，而且跟孔子保持往来，甚至继续请教。因此，孔子跟弟子间的交谈、对话，无非两种情况：虚拟的教学，现实的指点。

## 《论语》中为何没有“苦”字?

儒家学者给人的印象，似乎总是道貌岸然，正襟危坐的。而实际上，在儒家学说的创始时代，他们也有天真纯朴的一面。例如，谈论人生获取快乐的途径时，他们就跟儿童似的，直抒胸臆，毫不掩饰。

《论语》中，充满了快乐色彩的词语。总共只有一万多字的《论语》，“高兴、快乐”意思的“乐”和“说（悦）”，各出现过10多次。

仅以“乐”字为例。“知者乐水，仁者乐山。”（《雍也》）这是讲自然景物给予人的快乐；“有朋自远方来，不亦乐乎？”（《学而》），这是讲亲友相见给予人的快乐；“不仁者不可以久处约，不可以长处乐。”（《里仁》）“饭疏食饮水，曲肱而枕之，乐亦在其中矣。”（《述而》）这些是讲境遇给予人的快乐；“予无乐乎为君，唯其言而莫予违也。”（《子路》）“益者三乐，损者三乐。乐节礼乐，乐道人之善，乐多贤友，益矣；乐骄乐，乐佚游，乐宴乐，损矣。”（《季氏》）这是讲行为之乐；“未若贫而乐。”（《学而》）“乐而不淫，哀而不伤。（《八佾》）”“回也不改其乐。”（《雍也》）“知之者不如好之者，好之者不如乐之者。”（《雍也》）“发愤忘食，乐以忘忧。”（《述而》）“君子之居丧，食旨不甘，闻乐不乐。”（《阳货》）这些是讲适度合理的心态给予人的快乐。大略言之，外在事物，自身的努力，内心的调整，都可以使人感到快乐。

直言快乐，是不谙世事的儿童的特点；儒家创始人孔子这样大谈快乐，一副傻乐形象，相当可爱。今天人们遇事喜欢说“快乐就好”，貌似潇洒时尚，其实孔子早已如此。

近半个世纪前，梁漱溟先生注意到儒释两家的一个重要差异：儒家经典《论语》多“乐”字，却没有一个“苦”字；而佛家经典《般若心经》多“苦”字，却没有一个“乐”字。梁先生认为，这个差异既非无关紧要的文字差异，亦非事出偶然，而是因为两家共同的研究对象（人生），存在着两面或者说两极之分。所谓两面两极，指人类接近动物的一面（极）和高于动物的一面（极）。儒家关注前者，佛家关注后者。具体地说，儒家学说的精髓是：亲切体认人类生命极高可能性而精思力践之，以求践行尽性，不辜负自然对人类的赐予（见其《儒佛异同论》之二）。

哲学家说得云山雾罩，其实我认为，儒释两家在这个问题上的区别，只是方法上的差异，可以归结为“求”和“避”两个字：儒家求乐，释家避苦。殊途同归，都是为了得到快乐与幸福。可见，儒家直接，释家迂回。

有一次，子贡向孔子请教，伯夷叔齐是怎样的人，孔子回答说是“古之贤人”。子贡再问，他们有没有怨恨。孔子再答，“求仁而得仁”，没什么可怨恨的。伯夷叔齐虽然失去了继承君王之位的机会，但是，他们有仁爱之心，所以没有怨恨。同理，假如人们遵从儒家的学说，“求乐而得乐”，自然也就没有了“苦”。

肆

# 其他

## 孔子的“乐而不淫”啥意思?

对《诗经》里的全部诗歌，孔子有一个十分简短的评语：“思无邪”（见《为政》）。关于其中的《国风·关雎》，孔子又有八个字的评语：“乐而不淫，哀而不伤”（《八佾》）。但是根据闻一多先生的研究，《诗经》却是“好色而淫”，而且“淫得厉害”。闻一多所谓的“淫”是指《诗经》里有不少诗歌表现了性欲，表现方式有明言性交、隐喻性交、暗示性交、联想性交、象征性交等（见其《诗经的性欲观》一文）。

孔子和闻一多，两种意见看起来是针锋相对的。那么，究竟谁是谁非呢?

如果说是闻一多弄错了，犯了“以小人之心度君子之腹”的错误，歪曲了《诗经》。这显然不符合古人的思想观念。在生育繁殖那么重要、文明程度相对低下的上古时代，人类怎么可能像今天这样忌讳谈论性爱话题呢？如果说是孔子弄错了，没有读出《诗经》中的性欲描写，那也未免太侮辱了孔子的文化修养和阅读理解能力。更为重要的是，孔子曾说过“郑声淫”的话。就是说，对于《诗经》里有描写性爱的诗篇这一点，孔子其实是十分清楚的。

我认为，孔子和闻一多都没有说错。

问题出在：通常对孔子的“乐而不淫，哀而不伤”即“思无邪”的理解是不正确的。

孔子所说的“淫”、“无邪”，并非指今天人们所说的色情（即政府有关部门所说的“扫黄打非”中的“黄”字）。孔子所说的“淫”，是“过分、放纵”的意思，正当、正常、适度的男女关系乃至性爱关系，孔子从来就没有反对过。孔子有“君子三戒”之说，其中首戒是“少之时，血气未定，戒之在色”（《季氏》）。他之所以说青少年需要戒色，主要是考虑到青少年身体尚未发育成熟，血气尚未稳定，纵欲会损伤到身体。他这是在倡导性爱的卫生科学，不同于道学家捍卫的“存天理，灭人欲”的“道”。孔子所说的“思无邪”，语出《诗经·鲁颂·駉》：“思无邪，思马斯徂。”整首诗是赞颂鲁僖公的，说他蓄养了大量马匹，善于考虑国家的长远利益。这两句诗的意思是：鲁僖公蓄养了众多善于奔跑的骏马，想法很正确，很靠谱。由此可见，孔子说《诗经》“思无邪”，也等于说《诗经》里的诗歌，思想内容都是正确的，靠谱的。孔子的“思无邪”，应该是泛指思想内容，并非专指男女性爱方面。

结合《孟子》一书所载“告子”那句经常被人误归孔孟名下的著名的话，“食、色，性也”（饮食、美色，都是人类的本能需求），我们不难得出这么一个结论：儒家学派创始人孔子，并未一般地反对男女谈情说爱，并未将男女性爱视为洪水猛兽，并未把“扫黄”当作自己日常的重要工作。

我以为，要实现“和谐社会”的理想，政府有关部门亟待着手做的事情，主要是制定符合国家、民众长远利益的政策、制度并且加以有效的执行，而不是整天忙于禁止、肃清民众的私生活，有关部门假扫黄之名，时松时严，抓抓放放，趁机行罚款敛钱之实。不正当的男女苟且行为固然不值得提倡，甚至应该受到谴责。但是，那基本上属于社会风化范畴，属于道德修养范畴，用不着政府部门花费大量人力物力做这方面的扫除工作。政府部门有更加重要、更加迫切的工作可做，须做，比如肃贪。

## 孔子的优秀学生标准

从前，我一直以为，《论语》中那么多关于君子、小人的话语，是孔子在那里发牢骚，或者说他老先生在那里作愤世嫉俗的感慨。但是，最近忽然觉得，那样理解是不恰当的。实际情况应该是：只有少数句子是在发牢骚，少数句子里“君子”、“小人”指不同社会阶层、不同道德档次的人，有强烈的褒贬色彩，大多数关于君子小人的话语，都是孔子在教育弟子时说的；“君子”是孔子树立的优秀学生标准，是学习榜样，“小人”则是不成器学生的样子，是反面教材。

《论语》中出现“君子”一词的句子共有一百多个，其中绝大部分都可以理解为是孔子在跟学生讲解什么是君子、君子应该怎样做。把《论语》中的这些句子集合在一起，我们就可以看出孔子的优秀学生标准是什么样子的了。

孔子既是教育家，也是政治活动家。他开门办学，周游列国，都需要广交朋友。“有朋自远方来不亦乐乎”，就充分反映了孔子喜欢交友的性格特点。在交友方面，孔子的君子标准是“人不知而不愠”（《学而》），也就是不能急着要求他人了解、理解自己，要有从容应对的风度。孔子还认为，君子交友，出于志趣相投，而不是为了结党营私，即所谓“君子周而不比，小人比而不周”（《为政》）。

大家都知道，孔子是非常强调孝道的。但是，《论语》里明白地把孝道作为君子的标准，谈论的句子并不多。主要就是两处，一处说，孝弟（悌）是仁爱的根基，君子一定要立好这个根基（《学而》）。所谓孝悌，就是在家孝敬长辈，出门尊敬长者、上级。孔子要求他的弟子“入则孝，出则弟”（《学而》）。另一处，谈的是居丧期间应该如何安排饮食娱乐。弟子宰我认为三年的守孝时间太长久，一年就可以了。一年期满，陈米吃完，新米登场，就可以吃新米了。孔子反问，守孝的三年之内，吃着新米饭，穿着锦绣衣服，你能心安吗？宰我说他能心安。孔子却认为，君子居丧期间，应该是：吃美味的食物不觉得可口，听着音乐不感到快乐，住在家里不觉得舒服（《阳货》）。

孔子讲仁爱，仁爱自然是君子必须具备的品格。他认为，君子倘若没了仁爱的思想，他就不成其为君子了。因此，君子任何时候都不能违背仁爱原则，一顿饭的时间也不能违背，匆忙的时候不能违背，颠沛流离中也不能违背（《里仁》）。仁爱是存乎一个人内心的品德，外人怎么看得见呢？孔子也有一个外形判断法，“刚毅木讷近仁”（《子路》）。不知道孔子本人是否不善言辞，他反复强调的确实是君子不必有好口才。

孔子虽然不像后来的孟子那么强调“义”，但是，他的君子标准里已经包含了“义”的内容。他说，君子对于天下的事情，没有什么一定可以或不可以的成见，只要依从义去行事就可以了（《里仁》）。

孔子是主张积极入世的，他所说的君子，当然要具备入世的能力。大约是针对一些弟子的怀才不遇感慨，孔子指出，君子难过的首先是自己没有能力，而不是他人不了解自己的能力（《卫灵公》）。孔子认为，君子应该具备的是大能力，不是小技能，不是某个行业的专家。他说“君子不器”，意思是，君子的才能不是器皿，只具有一项功能，君子要博学多能。当然，他所说的能力是可以担当大事的能力（《卫灵公》）。他曾自我解嘲说，因为出身低贱，因此学会了许多吹拉弹唱之类的小技能。他认为，君子不必具备这些技能（《子罕》）。

关于君子的价值观念，孔子是在将其与小人的对比中进行阐述的。具体地说，有如下一些要点：怀德、怀刑、喻于义、谋道、忧道，即君子关注的是德行、刑法、道义、信念，而不是田宅、恩惠、利禄、财富（《里仁》）。那么多弟子投奔孔子，不是为了饿肚子的。因此，孔子也没忘了加上一句：“耕也，馁在其中矣；学也，禄在其中矣”（《卫灵公》）。否则，孔子的学校只能关门大吉了。

从《论语》中看，孔子的君子标准，更多更详细的是关于处世为人方面的。择其重要者而言，有这样几点：

一、言行合一。子贡问怎么做一个君子，孔子告诉他，“先其言而后从之”（《为政》）。他认为，判断一个人，不但要听他是怎么说的，还要看他是怎么做的。君子要为自己的言语超过了行动而感到可耻（《宪问》）。

二、行胜于言。当嘴上和行动上不能一致的时候，孔子认为行动更加重要，因此他说“刚毅木讷近仁”（《子路》），他认为君子应该“讷于言而敏于行”（《里仁》）。孔子夸这个夸那个，但是他把自己和哥哥的女儿分别嫁给了公冶长和南宫适（《史记·仲尼弟子列传》作“括”）。这两个不怎么有名的弟子，可能就是性格内向的木讷之辈。

三、坚持原则。“君子和而不同”（《子路》），即，和谐而不求苟同；“君子固穷”（《卫灵公》），即，遇到困难挫折也不动摇立场和信念。

四、与世无争。孔子认为，君子不应该太争强好胜，一定要分出个胜负，那么就比射箭。按照礼仪，比完射箭后一起友好地饮酒。他认为，射箭比赛，不失为君子的争胜之道（《八佾》）。合理想象，孔子喜欢射箭且技术出色。

五、心地坦荡。君子因为没有私心，没有不合理的欲望，所以能够做到心地坦荡，不会患得患失，整天忧虑，即“君子坦荡荡”（《述而》）。

六、严于律己。遇到困难，君子首先应该反思自己，而不是归咎他人（《卫灵公》）。

七、与人为善。君子虽然不容易讨好，但是很容易相处，不像小人的容易讨好却不能相处（《子路》）；君子乐于成就他人的好事，不帮他人做坏事，“君子成人之美，不成人之恶”（《颜渊》）。

八、安贫乐道。君子有着崇高的使命，不是为了一己的利益活着，更不是为了贪图享乐活着，所以能够“食无求饱，居无求安”（《学而》）。



九、注重礼仪。孔子推崇周公制度，他一生到处奔走，办学收徒，主要目标就是恢复西周的礼仪制度。不用说，他的君子标准里，是少不了这一条的。君子在广泛学习文化知识后，再用礼仪制度加以约束，他就不会离经叛道了（《雍也》）。

孔子的君子标准，条条很多。但是，我们也不可过分死板地看待孔子的君子标准。孔子之所以有这么多关于君子的界定和说明，是因为，这些话都是孔子在不同时间、不同情境下回答不同学生的提问时说的，因材施教，各有针对。其实孔子的标准，也有其灵活之处。有一次，他擅长辩论的弟子宰我提了一个刁钻的问题：一个仁爱之人，一旦得知有人掉到水井里了，他应该也跳下去救人吗？孔子却是这样回答的：君子会去救人，但不必自己也跳进去（《雍也》）。

综上可见，孔子的君子标准也就是优秀学生标准，是相当高的。在弟子中，很少有人能够完全达到。在孔子眼里，只有颜渊一个人庶几近之。其他高足，如子贡、子路、宰我、樊迟等人，都屡遭孔子的批评，可见有明显的差距。古人中，孔子认为郑国政治家子产（公孙侨）在四个方面达到了君子的水准：自身行为庄重，侍奉君主恭敬，养护百姓有恩惠，役使民众分寸得当（《公冶长》）。

不但是弟子，孔子曾说自己都达不到君子的水平。他说，君子的标准有三条：仁者不忧，知（智）者不惑，勇者不惧。他认为自己就没有做到这三条。不过，他的高足子贡并不认同孔子的谦虚，子贡认为，“仁者不忧，知者不惑，勇者不惧”这三句话，正可以用来描述孔子本人（《宪问》）。

《论语》中，有一处关于君子的标准，似乎并非针对学生而言。“君子有三戒：少之时，血气未定，戒之在色；及其壮也，血气方刚，戒之在斗；及其老也，血气既衰，戒之在得。”（《季氏》）对这一番话，我们可以有两种理解方法：一是，仍然是对弟子们说的。孔子收徒没有年龄限制，根据《史记·仲尼弟子列传》记载，岁数大的，例如子路，只比孔子小九岁，小的从二十几岁到五十余岁不等。可见孔门弟子中，老中青都有，他的“三戒”各有针对性。二是，泛泛而论，并不针对弟子。这又不妨如是理解：孔子从事的教育，是终身教育，不同于现代教育中的职业培训。

## 孔子口中“小人”新解

不久前，忽有所悟：既然《论语》基本上就是孔子跟他学生的谈话记录，那么，孔子口中的“君子”就不应该是一般人理解的“道德高尚之人”的意思，而是“好学生”、“好孩子”、“有出息的人”的意思。自然，与之相对的“小人”，也不应该是“道德低下之人”，而是“坏学生”、“坏孩子”、“没出息的人”的意思。

惟其如是理解，方能文义贯通。否则，就会很别扭，甚至扞格不通。《子路篇》有“樊迟学稼”一节文字，如下：

> 樊迟请学稼，子曰：“吾不如老农。”请学为圃。曰：“吾不如老圃。”樊迟出。子曰：“小人哉，樊须也！上好礼，则民莫敢不敬；上好义，则民莫敢不服；上好信，则民莫敢不用情。夫如是，则四方之民襁负其子而至矣，焉用稼？”

这里的“小人哉，樊须也”，不少《论语》译本都翻译成“樊须真是小人”。这样翻译实在是别扭，仿佛孔子是一个性情乖张、语言古怪的人。学生学习目标不明确、专业兴趣不对头，问一下庄稼、蔬菜种植的事儿，他就斥骂其为道德品质低下之人，简直匪夷所思，天下没这样做教师的道理！倘若我们把它翻译成“樊须不是一个好学生”或者“樊须真是个没有出息的人”，就没有这个问题了。孔子在樊迟走后，语重心长教导别的学生，只要认真学习辅佐君主讲礼仪诚信，就不用为衣食问题发愁了。

下边把《论语》中所有的“小人”都翻译成“坏学生”、“坏孩子”或者“没出息的人”，大家看看句子文理是否通顺，情理是否款洽：

好学生讲忠信但不结帮，坏学生喜欢结帮却不讲忠信。——《为政》

有出息的人看重德行，没出息的人看重田宅；有出息的人看重刑罚，没出息的人看重恩惠。——《里仁》

有出息的人明白道义的价值，没出息的人只懂得要实惠好处。——《里仁》

孔子对子夏说：“你要做有出息的儒生，不要做没出息的儒生！”——《雍也》

好学生快乐满满，坏学生忧虑多多。——《述而》

有出息的人成就他人的好事，不会促成他人的坏事，没有出息的人与之相反。——《颜渊》

好学生的品德像风，坏学生的品德像草，草遇到风必定倒下。——《颜渊》

好学生和谐但不结帮，坏学生结帮但不和谐。——《子路》

好学生容易教育但难以让他开心……坏学生难以教育但容易使他高兴。——《子路》

好学生安详而不蛮横，坏学生蛮横而不安详。——《子路》

有出息而不仁爱的人是有的，没有出息却仁爱的人是从来没有

的。——《宪问》

好学生天天向上，坏学生天天向下。——《宪问》

好学生能面对困难而举止有度，坏学生一遇到困难就胡来了。——《卫灵公》

好学生检讨自己，坏学生归咎别人。——《卫灵公》

有出息的人不能了解小事却能担当重任，没出息的人担当不了大事却能了解小事。——《卫灵公》

有出息的人有三项敬畏……没出息的人不懂得敬畏天命，不懂得尊重有德行的人，亵渎圣人的话。——《季氏》

有出息的人学习了道就会爱护别人，没出息的人学习了道就容易听别人吩咐。——《阳货》

色厉内荏的人是没有出息的人，就像钻墙洞偷东西的小蟊贼。——《阳货》

好孩子勇敢而没有道义会闹出点乱子，坏孩子勇敢而没有道义就会沦为盗贼。——《阳货》

坏学生犯了错误一定会加以掩饰。——《子张》

说得过去吧？至少比一律照搬“小人”二字要清楚明白，语气也更亲切一些。

还有那句著名的句子，“唯女子与小人为难养也，近之则不孙，远之则怨”（《阳货》）。向来聚讼纷纭，怪论迭出，莫衷一是。根据我的新观点，这句话就可以迎刃而解，涣然冰释，达成一致了：

这世界上就数女人跟坏学生最难缠了，你对他们亲近一点，他们就会不尊重你；你对他们疏远一点，他们就会怨声载道。真是麻烦呀！

孔子在家为人丈夫，在学校为人教师，两种角色，他都不能做到游刃有余，都有一肚子的苦水，于是发出了这震古烁今的感慨。

《论语》虽然基本上是孔子大学的《学生守则》，但它早已被人们奉为经典，阅读理解自然可以举一反三，不必拘泥于本文意思。就是说，一般人阅读《论语》时，完全可以把“小人”解读为：顶头上司、情敌、说话不算数的人、酒桌上不爽快的人、看帖从来不回复的人、网络中匿名谩骂的人等等。

## 孔子痛骂当政者是“饭桶”

《论语·子路》，子贡问“今之从政者何如”，孔子回答道：“噫！斗筲之人何足算也？”斗，古代量器名；筲，古代饭筐，《说文解字》作竹头稍。“斗筲”，就是饭筐的意思。孔子用“斗筲之人”形容政客，《论语》研究者普遍认为，是指其气量与见识狭小。比如，杨伯峻《论语译注》是这样翻译的：“子贡道：‘现在的执政诸公怎么样？’孔子道：‘咳！这班气量狭小的人算得什么！’”

但是，林语堂先生在不止一篇随笔里，表达过如下意思：“斗筲之人”就是骂人“饭桶”，“斗筲”是饭桶的文雅说法。例如，《论孔子的幽默》一文说：“‘斗筲’是承米器，就是说‘那些饭桶算什么！’”

那么，哪一种说法更符合孔子原话的意思，即孔子究竟是在骂当时的从政者们气量见识狭小，还是在骂他们没有用处呢？

事情得先从“饭桶”说起。“饭桶”大约是个相当晚起的词。苏轼《端午游真如迟适远从子由在酒局》诗有“水饼既怀乡，饭桶仍愍楚”两句。倘若宋朝“饭桶”已经是骂人的话，苏轼不当用“饭筒”指原始的粽子，楚人以竹筒贮米投入水中，表示对屈原的祭奠。可见，饭筒类似今天的竹筒饭。

古时候，跟今天“饭桶”相当的词是“饭坑”、“饭囊”。汉王充《论衡·别通》云：“曾又不知人生禀五常之性，好道乐学，故辨于物。今则不然，饱食快饮，虑深求卧，腹为饭坑，肠为酒囊，是则物也。”《抱朴子·弹祢》：“荀彧犹强可与语，过此以往，皆木梗泥偶，似人而无人气，皆酒甕饭囊耳。”《颜氏家训·戒兵》：“今世士大夫但不读书，即今武夫耳，乃饭囊酒甕也。”后来，又演绎出“酒囊饭袋”的说法。从所引文献看，饭坑、饭囊，都是因其只能用于盛饭，比喻那些只知吃饭不会读书思考的人。

可见，从汉朝到隋朝，到今天，我们一直有用只会吃饭比喻无用之人的传统，即有以“饭桶”（包括饭坑、饭囊、饭袋等）骂人没用的传统。倘若孔子已经用只会吃饭比喻无用之人，那么，这个传统的历史就至少可以追溯至春秋时期。

再来看看孔子、子贡师生那一番对话的语境。子贡问话逗引出孔子骂当时的从政者为“斗筲之人”之前，二人已经有三轮问答。第一轮，子贡问怎样做才可以被称为“士”，孔子回答说，“行己有耻，使于四方，不辱君命”。第二轮，子贡又问次一等该怎样做，孔子回答说，“宗族称孝焉，乡党称弟（悌）焉”。第三轮，子贡又问再次一等该怎样做，孔子回答说，“言必信，行必果……”。孔子的三轮回答，说的都是人的行为方面，得有所作为，跟修养心胸没有关系。从文意上说，把“斗筲之人”理解为“饭桶”，比理解为“气量见识狭小”，更加符合上文语境。

总之，我认为，林语堂的理解比杨伯峻等学者的解释，更接近《论语》原意。换言之，两千五百多年前的哲人孔子，曾经痛骂当政者是饭桶——斗筲之人。

其实，与其说孔子在骂人，不如说孔子在叙述事实。揆之当今，“饭桶”也普遍存在。前任国家主席胡锦涛同志在庆祝中国共产党成立90周年大会上的讲话中就曾经指出，执政面临四种危险，其中第二种便是“能力不足的危险”。

## 孔子喜欢冬泳?

《论语·先进篇》记载，有一天，孔子让正好呆在自己身边的弟子子路（仲由）、曾皙（蒧）、冉有（求）、公西华（赤）四个人谈谈各自的理想。结果，曾皙的理想是：“莫春者，春服既成，冠者五六人、童子六七人，浴乎沂，风乎舞雩，咏而归。”孔子听后，慨然表示，自己的理想跟曾皙一样。

曾皙的这几句话，看起来并不深奥。目前国内两种比较容易见到的《论语》读本，杨伯峻的《论语译注》和金良年的《论语译注》，都说是：暮春三

月，穿上春装，带着若干成年的和未成年的弟子，到沂水河里洗澡（沐浴），到祈雨台上吹风乘凉，最后一路唱着歌回家。

但实际上，要想正确理解这一番话，从而正确了解孔子的理想，不见得是如此容易。因为，对于这一番话尤其是“浴乎沂”三个字，历来有多种不同的理解，莫衷一是。清代著名学者赵翼在其《陔馀丛考》卷四“浴乎沂风乎舞雩”条提到了其前代人如下四种说法：

一、汉代学者王充认为是“涉沂水”。走过沂水，唱着歌，去参加为龙抬头而设的祭祀，祈求阴阳调和。说见《论衡·明雩篇》。

二、除灾求福的一种仪式。南朝梁沈约引汉蔡邕《月令章句》，认为即是当时三月上巳日“祓于水滨”之俗的源头。唐代学者贾公彦在注疏《周礼》时有此说，赵翼也赞成这一说法。

三、沿着沂水行走。唐代文学家韩愈在给《论语》作注解时，把“浴乎沂”改作“沿乎沂”。

四、洗温泉。据说朱熹开始的时候曾想把“浴”字注释为“盥濯祓除”的，但是忽然又说“有温泉焉”，认为是洗澡。

昨天跟几个朋友爬山时说起此事，有个朋友又因为我曾游过两年冬泳，半开玩笑地提出一种观点：孔子也喜欢冬泳。

那么，究竟哪一种说法更可信呢？

我认为，杨伯峻、金良年的注释是较为可信的。像王充所说的“涉沂水”，且不说当年的沂水河是否可以“涉”（赤足走过）得过去，对六七个未成年的童子是否有生命危险，就是这涉水的行为，也不足以跟“风乎舞雩”、“咏而归”并列为惬意之事。另外，语言上也有问题，上古汉语中，“浴乎”似乎并无表示“涉过”的用法。韩愈、朱熹的篡改经典、添字解经，徒增纷繁，均不可取。王充、赵翼等人之所以不取“在沂水河中沐浴”的解释，主要理由是：周历三月乃至夏历的正月（王充为了“龙见而雩祭”而把它说成二月），天气还很寒冷，不适宜在河中沐浴。其实，细玩文中意思，“莫（暮）春”，重在季节，并非月份，是指春天即将结束、夏天即将来临之际，那时候天气已经比较温暖了。再者，倘若真的等到夏天天气燠热时节，人人皆可跳进沂水河里痛快地洗澡、游泳，也就不足为奇，不值得曾皙、孔子特别作为一种理想提出来了。圣贤之为圣贤，得有一点与众不同、领导潮流的想法和行为。更为重要的是，前边子路的理想是用几年时间把一个处于困境中的“千乘之国”变成一个人人勇敢、个个懂大道理的国家；冉求的理想是经过几年时间，使一个纵横六七十里或五六十里的小国家实现全面小康，人人过着富足的生活；公西华的理想是学习祭祀或外事接待工作，成为一个穿着礼服、戴着礼帽的司仪。就是说，这三个人的理想都是做官方面的，都属于积极上进的政治理想。如果曾皙还是祭祀这一套，跟他们尤其是公西华就没有什么区别。只有把曾皙的话理解为是闲散飘逸的生活理想，这才可以反映出曾皙的“异乎三子者之撰”（不同于三位同学所讲的），才可以跟曾皙开始时一直在鼓瑟、对孔子要他们谈谈各自理想的提议不太感兴趣，前后呼应。

既然暮春之际到沂水河里洗澡或游泳水还有点凉，那么，孔子喜欢冬泳的笑谈，也不是毫无道理的。

## 孔子主张以牙还牙

孔子竭力宣扬仁、恕、爱、礼等品德修养范畴的观念，人尽皆知。这些观念，加上中庸之道，使得孔夫子给予民众的印象，是温情脉脉而舒缓迂阔的。

而实际上，这只是孔子的一个侧面，他也有威猛果断雷厉风行的另一面。孔子担任大司寇之初，即以五大罪状，诛杀鲁国大夫少正卯——他也是孔子办学的竞争对手；公元前500年齐鲁夹谷会盟，兼摄相事（不是宰相，是掌管外交事务的傧相）的孔子，文事武备，粉碎了齐景公的阴谋，迫使齐国归还部分侵占的鲁国领土；公元前498年，为了维护君权，派子路实施“毁三都”计划——拆毁鲁国执政大夫季孙氏的费邑、孟孙氏的郕邑和叔孙氏的郈邑。这些行为，足以证明，孔子决非一味温文尔雅的儒者。不难想象，倘若孔子仕途顺利一些，做官的时间长一些，他会有更多威猛果断的政绩。

对此，熟读《论语》的人，应该不会感到奇怪。因为，除了仁、恕、爱、礼等观念，孔子也很推崇“直”的观念。可能是因为这个“直”的观念，跟仁、恕、爱、礼等观念看起来不太合拍，被后来的儒学继承者们忽略了，当

然有可能是故意忽略的。

什么是“直”呢?

孔子说“人之生也直，罔之生也幸而免”，意思是人生下来的时候原本都是“直”的，那些“罔”人之所以也能生下来，是因为他们侥幸逃过了劫难。由此可见，孔子的“直”是指人类一种未经熏染的优良品质，正直无邪的意思。这里，“直”跟“罔”相对立。

有人说一个叫微生高的人很直。孔子不同意，他的证据是：有一次，有人跟微生高要点醋。微生高自己家里没有醋，跟邻居要了再给人家。孔子的意思，自己没有就告诉人家没有，这才是直，跟邻居要了再给人家，不能算直。可见，直就是坦诚的意思。

跟直对立的，还有枉。鲁哀公问怎么做，百姓才能心悦诚服。孔子回答他“举直错诸枉，则民服”，反之，则不服。樊迟不明白“知人”什么意思，孔子解释说：“举直错诸枉，能使枉者直。”意思是，假如君主任用了正直的君子（像舜任用的皋陶，商汤任用的伊尹），歪门邪道的小人就没有了使坏的机会，风气就正。

跟直同类的概念有恭（恭敬）、慎（谨慎）、勇（勇敢）、愿（厚道）、信（诚信）、质（质朴）、知（智慧）等。《论语》中，孔子说过下边这些话：

> 恭而无礼则劳，慎而无礼则葸，勇而无礼则乱，直而无礼则绞。（《泰伯》）
>
> 狂而不直，侗而不愿，悾悾而不信，吾不知之矣。（《泰伯》）
>
> 夫达也者，质直而好义，察言而观色，虑以下人。（《颜渊》）
>
> 恶徼以为知者，恶不孙以为勇者，恶讦以为直者。（《阳货》）

可见，在孔子的思想体系中，直的地位不低。

孔子所敬重、推崇的人物柳下惠，就是一个直道而行的人。孔子向弟子们讲述过如下的故事：柳下惠做典狱吏时，数次遭到贬黜，有人问他为什么不辞职离去。柳下惠回答说：“直道而事人，焉往而不三黜？枉道而事人，何必去父母之邦。”（微子）意思是，正直地待人做事，在哪里都会遭到贬黜；能屈能伸，在哪里都能吃得开，没有必要离开家乡。

有人问：“以德报怨，怎么样？”孔子反问：“拿什么报德？”孔子主张“报答”应该与得到相对等，即礼尚往来。他人待我以仇敌怨恨，我报答他仁义道德；那么，当他人待我以仁义道德时，倘若也不过是仁义道德，岂不是没有区别了？倘若反而是仇敌怨恨，那更加说不过去。孔子主张的是：以德报德，以直报怨。以直报怨，其实就是以牙还牙。

当然，孔子并不认为直已经是一种完美无瑕的品德了。他说：

> 直而无礼则绞。（《泰伯》）
> 好直不好学，其蔽也绞。（《阳货》）

孔子认为，与生俱来的直，只有经过礼仪的学习，接受礼仪的约束，才会有从容舒缓的气度，不至于动辄造成紧张的气氛。现实生活中，我们都有体会，过于直率的人，是很容易给他人造成紧张难堪局面的。

有个叫孺悲的人，求见孔子。不知道什么事得罪了孔子，孔子不想见他。于是借口身体有病，拒绝会见。但是，传话的人刚刚出门，他就拿过一把乐器——瑟，自弹自唱起来。目的是，让孺悲知道，自己是不想见他。以身体有病拒绝会见，是礼仪；拿了瑟自弹自唱，是直。孔子做到了直而有礼。有人说，孔子这样做，可能就是对孺悲的一种教育，身教。《礼记》记载，孺悲曾受鲁哀公派遣，向孔子学习士丧礼。

孔子主张的直，是有人情味的，不违背孝道的。楚国贤人叶公高对孔子说，自己的家乡叶县有个以直著称的人，名叫躬（也有人认为通弓），他父亲偷别人的羊，作为儿子的他就站出来证明此事。孔子回应说，他的家乡对于直的理解不是这样的：父亲替儿子隐瞒，儿子替父亲隐瞒，本身就是一种直。

孔子肯定的这种孝道笼罩下、富有人情色彩的直（诚实），从法律上讲，是包庇，是犯罪。但是，过于正直诚实，亲人的任何“犯罪”行为，都毫不留情地加以揭发举报，所谓大义灭亲，也有违人性。抉择之难，不亚于母亲媳妇同时落水先救谁的问题。

著名演员王宝强发表“离婚声明”，于半夜时分、十分“正直”“诚实”地将家丑外扬，成为文明古国近日的第一热议话题，风头超过了举世瞩目的巴西里约奥运会上中国队的金牌进展和个别游泳运动员的药检阳性丑闻。有朋友建议我也写一写“王宝宝”的事。清官难断家务事，再者，偷情、争财产、闹离婚，都是自古以来随时随地上演的桥段，没有什么新意；热闹只是因为人们生活得太无聊了，需要来点刺激，正义凛然大都是一种表演，骨子里还是幸灾乐祸的成分更多一些；过一阵子必然归于平静，平静得如同什么也没有发生过。

近期正在想着的关于孔子、《论语》的诸多问题中，孔子推崇的“直”的观念问题，跟这个热议的话题似乎有点关系，可以引起大家的思考与讨论。因此，便暂时撇开别的话题，将其先行写出来。这也算是我对“王宝宝”事件的一种关注，一点看法吧。



## 孔子的学校该叫啥名字?

后人赠给孔子的各种桂冠中，最基本、最重要的一项是：教育家。

《论语》、《史记》等众多历史文献，都明确记载了孔子广收弟子进行教学的情况。例如，《论语·述而》：“子曰：‘自行束脩以上，吾未尝无诲焉。’”意思是，一个人只要随便给他送上一点儿薄礼，孔子就愿意收他为弟子，给他上课。《史记·孔子世家》记载孔子去东周国都游学（包括拜谒老子）回到鲁国，“弟子稍益进焉”。就是说，在那之前，孔子的学校招不到学生。《论衡·讲瑞》记载，孔子与少正卯同时办学，竞争生源，“孔子之门，三盈三虚”。就是说，孔子学校的学生，时多时少，有时候都跑到少正卯那边去了，有时候又都跑孔子这边来了，几次反复。因为颜回始终没有离开过，孔子的学校才渐渐有了稳定的生源。因此，孔子自己也说过，“自吾有颜回，门人益亲”的话（《孔子家语》卷九）。《史记·孔子世家》还有“孔子以诗书礼乐教，弟子三千焉，身通六艺者七十有二人”的记载。三四十年间，前后弟子累计达到三千。刨去其中十几年，孔子是在做官和周游列国，没法正常招生开课。可以估计，正常情况下，孔子学校的规模是挺大的。

按照孔子的为人原则、礼仪思想和“正名”理论，即“名不正则言不顺，言不顺则事不成，事不成则礼乐不兴……”那一套，可以肯定，孔子的学校当初一定是有一个名字的。孔子学校的校名牌，是应该赫然挂在大门口的。

可惜的是，孔子学校的名字，据我所知，不见于文献记载。有可能，孔子学校的名字早已经湮灭在历史的长河中了。

办学者是影响人类文明进程的大圣人，是泱泱大国教师行当的祖师爷，该校培养的弟子有不少成为了各行各业的佼佼者，日后也在孔庙祭坛占有一席之地。这样一所了不起的学校，却无人知道它的名字。这实在是一件匪夷所思的事情。研究“国学”的学者们，实在都应该引为耻辱，感到羞愧，寝食难安。

寝食难安，终究不是长久之计，那样会伤身体的。

因此，这里我出于一点未泯的善心，不揣谫陋，不怕贻笑大方，不怕正人君子给我定性为“无聊”、“吃饱了撑的”，来谈一谈孔子学校可能用过的名字。

在猜测孔子学校的名字之前，我们应该先对孔子的教学和收徒情况有所了解。

众所周知，孔子教学，主修课程包括诗、书、礼、乐。大概就是《诗三百》、《尚书》、《礼记》、《仪礼》、《乐记》等专书讲解；辅修课程指文艺体育方面，包括弹琴、唱歌、骑马、射箭、爬山、游泳等等。从《论语》等书中列举的孔门弟子四类优秀学生的情况看，孔子的学校非常重视学生的道德品行、政治管理才能、言语辞令能力和学术研究能力四个方面。孔子教育学生，强调四个方面，文、行、忠、信，也就是文采、实践能力、工作态度、诚实守信等。再从孔子招收弟子的年龄——最大的只比孔子小四岁（秦商），最小的比孔子小五十岁（陈亢等）——看，孔子的确是做到了有教无类的开放式办学承诺；从他领着部分知名学生周游列国和他们日后的出路（担任诸侯国的将相）看，孔子的学校，主要是为诸侯国和士大夫培养管理人才。综合种种方面情况，可以说，孔子的学校从事的不是扫盲教育，也不是职业技术培训，而

是从文史、行政两类课程入手培养高级管理人才的学校，相当于日后的书院和今天的行政学院。就是说，属于大学层次。

那么孔子的大学叫个啥名字呢？

山东大学？肯定不是。那个时候可能还没有“山东”这个概念，即使有，范围也不限于今天的山东省或春秋时期的鲁国；春秋时代，“大学”也叫“太学”，是朝廷办的最高学府，专招贵族子弟，是官学。孔子办的是私学，他不敢也不能使用“大学”这样的字眼，否则，就是僭越，就是造反了。

曲阜学院？应该也不是。“学院”的概念，不是古已有之，是近代才从西方舶来的。孔子时代，似乎也还没有“曲阜”的名字。孔子生前，鲁国的城市似乎更可能叫“某都”“某某都”“某某邑”，孔子就做过“中都宰”。

某某大学、某某学院，不是不行，就是不可能。那么，什么是可能的呢？学校，古代有叫庠、序、学的。按照《礼记·学记》的记载，“学”是专用于皇家学院的，即大学，相当于后来的国子监；“序”是指某种技术行业办的学校；“庠”是指帮派团体办的学校。这些都不适合用于孔子学校。适合孔子学校的是“塾”。《礼记》上说：“古之教者，家有塾……”。

确定了中心语“塾”字之后，就是前边的限定语或曰修饰语了。孔子学校名字的限定语或曰修饰语，有如下几种可能：

（一）所在地名。例如：洙泗、东山、沂水、阙里。

（二）圣贤人名。例如：尧舜、周公。

（三）学校性质。例如：儒学、礼仪。

（四）吉祥词语。例如：凤仪、敏行。

（五）附近景物。例如：桧园、杏林。

相比之下，我觉得最后一种可能性比较大。多年前，我曾经在日本埼玉县一处偏僻的山村看见山林深处的公路边一棵大杉树上钉着一块木牌，上书三个汉字：“大木塾”。在韩国、日本旅行，经常可以看到我国古代文化的残迹。“大木塾”这个名字在中国是有可能古老到春秋时期的。除了“大木塾”，日本今天还有一所大学，就叫“杏林大学”。根据孔子“礼失而求诸野”的理论，加上史书上确实有孔子杏坛设教的记载，我就大胆地猜测，孔子的学校很可能叫“杏林塾”。

## 孔子师徒坐在哪种杏树底下上课？

关于孔子的诸多传说中，有一个“杏坛设教”的故事。说的是，孔子曾经聚徒于“杏坛”，读书，弹琴，唱歌。现在，问题来了：“杏”字可以令人想起两种树木，一种是果实像梅子可以生吃的“杏”（为了方便，下文简称水果杏），另一种是果实不能生吃的“银杏”。孔子师徒曾经打坐的地方，种的到底是哪一种“杏”呢？

说实话，我一直以为是“银杏”的。缘由可能有如下一些：从小见过不少银杏古树，觉得这种高大挺拔的乔木，跟孔子他老人家的圣人地位相匹配；在各地的庙宇、书院中见过巨大的银杏树，觉得孔府种的应该也是这种树；银杏号称活化石，在我国一直没有绝种，是一种古已有之的树木，孔子生活的时代当然会有这种树；等等。

但是，几年前，忽然觉得，我的理解可能有误。因为，北方地区人们嘴里凡说“杏”，必指水果杏，而且，古代诗文中单说“杏”的时候，也基本上都是水果杏。此外，“杏林”代指医者术业高明，有久远的历史（早在三国时期），说明水果杏早就是一种我国人民所喜爱的佳木良果。

随后，我做了一点儿简单的考察和调查。发现各地为了纪念孔子而修建的孔庙之类地方，庭院里栽种着银杏树，一些讲述孔子故事的绘画，画着孔子师徒麇集于银杏树下。口头询问过一些人，有说应该是水果杏的，有说可能是银杏的。当然，也有在我提示有另一种可能之后，表示迷茫的。

“杏坛”之杏，水果杏和银杏分歧的大致情况是：民间人士固然不乏认为是水果杏者，但庙宇、文献等正式场合，以作银杏理解为多。

为什么会出现这种现象呢？

我认为，除了银杏树树龄长久、树干高大、叶片简洁……一言以蔽之曰“形象气质佳”之外，也跟水果杏形象在唐诗宋词中的不断沦落有关。

水果杏，花朵好看、果实甜美，是一种广受人民大众欢迎的树种。但是，正因为水果杏花朵好看，花色明艳娇媚，被一些不怀好意的诗人往品行不端方向描述了。首先是唐代诗人薛逢，作诗道：“活色生香第一流，手中移得近青楼。谁知艳性终相负，乱向春风笑不休。”接着，吴融又火上浇油，说：“粉薄红轻掩敛羞，花中占断得风流……独照影时临水畔，最含情处出墙头。到了宋代，词人叶绍翁，再来一句“春色满园关不住，一枝红杏出墙来”。这就把杏花的特点品格坐实为水性杨花。随着这些诗词的广泛传播，家喻户晓，杏花如妓的形象就广为人知、根深蒂固了。而这，跟圣人孔子的伟大形象显然是格格不入的。

但是，顾炎武有不同看法。顾氏在其名著《日知录》中说：“杏坛不必有其地，即有之亦在水上苇间、依坡傍渚之地，不在鲁国之中……”。顾炎武这样说的依据是，“杏坛”一词出自《庄子》：“孔子游乎缁帷之林，休坐乎杏坛之上。弟子读书，孔子弦歌鼓琴。”顾炎武根据《庄子》一书凡涉及孔子者都是寓言这一特点，认为“杏坛不必有其地”。

我认为，顾炎武如此理解，也未免有胶柱鼓瑟之嫌。寓言故事可以是杜撰的，生活细节却未必无据。相反，为了使人信以为真，寓言家往往讲究细节的逼真。倘若这个细节是真的，孔子师徒聚集在树林中读书弹琴，总比聚在“水上苇间、依坡傍渚之地”，要有趣、舒服一些。因而，可能性也更大一些。树林，到处都有，为什么独独鲁国没有呢？孔子师徒，相从多年，到处游历，曾在杏林下读过书、弹过琴，合乎情理。言有易，说无难。顾氏之言，实在是武断。

“杏坛”之“杏”究竟是水果杏还是银杏的问题，之所以有必要讨论一下，与其说是一个考证的问题，不如说是一个选择的问题。因为，当年孔子师徒坐在什么树下，本身已经不重要了，他们爱坐什么树下坐什么树下；如今的问题是，全国各地雨后春笋般地修建纪念孔子或者跟孔子有关的庙宇、书院，出版、发表这么多有关孔子生前故事的绘画，在如何表现“杏坛设教”这一情节的时候，是无法绕过这个细节问题的。